CINQUIÈME QUARTIER.

LE PALAIS ROYAL.

RECHERCHES
CRITIQUES,
HISTORIQUES ET TOPOGRAPHIQUES
SUR
LA VILLE DE PARIS,
DEPUIS SES COMMENCEMENTS CONNUS,
JUSQU'A PRÉSENT;

Avec le PLAN de chaque Quartier:

Par le S.r JAILLOT, Géographe Ordinaire du Roi.

Quid verum... curo & rogo, & omnis in hoc sum. *Horat. Lib. I. Epist. I.*

A PARIS,
Chez l'Auteur Quai et a côté des grands Augustins.
et
Chez Aug. Mart. LOTTIN ainé, Imprimeur-Libraire ruë S.t Jacques, au Cocq.

M.DCC.LXXII.
Avec Approbation, et Privilége du Roi.

RECHERCHES

CRITIQUES,

HISTORIQUES ET TOPOGRAPHIQUES SUR LA VILLE DE PARIS.

V. QUARTIER.

LE PALAIS ROYAL.

Ce Quartier eſt borné à l'orient par les rues Froi-manteau & des Bons-Enfants excluſivement; au ſeptentrion, par la rue neuve des Petits-Champs auſſi excluſivement; à l'occident, par les extrémités des Fauxbourgs S. Honoré & du Roule incluſivement; & au midi, par les Quais depuis le premier guichet du côté de la Place de l'Ecole, auſſi incluſivement.

On y compte quarante-ſix rues, quatre cul-de-ſacs, trois Places, deux Palais, un Hôpital, un Chapitre, trois Egliſes Paroiſſiales, deux Couvents d'hommes, trois Couvents & une Communauté de filles.

Rue de l'Anglade. Elle va de la rue Traverſine à celle de Ste Anne; ce n'eſt que dans le ſiécle dernier qu'elle a été ouverte. Louis le Barbier vendit, le 7 Septembre 1639, une place rue des Moulins à Gilbert Anglade ; & depuis ce chemin fut appelé *rue Gilbert* : dans un Censier de l'Archevêché de 1663, elle est nommée *Anglas*. Si ce nom n'étoit pas une altération de celui d'*Anglade*, on pourroit admettre l'étymologie de Sauval, qui dit (*a*) que quelques Languedociens pensent qu'il vient d'un Bourg près de Nîmes, appelé *Langlade*. Il n'en existe point de ce nom, mais on connoît *le Mas & Tour d'Anglas*. Cet Auteur rejette comme *suspecte* une autre étymologie qui le fait venir de Jean Anglade, Maître Cartier. C'est pourtant la véritable, c'est-à-dire que cette rue doit son nom à un particulier nommé *Gilbert Anglade*, & non pas *Jean Anglade*. Elle n'est désignée sous aucun nom sur les Plans de Gomboust & de Jouvin : je ne sais sur quel fondement elle est indiquée dans de Chuyes sous celui de rue *neuve S. Antoine*.

RUE D'ANJOU. Elle aboutit à la rue du Fauxbourg S. Honoré & à celle de la Ville-l'Evêque. Elle étoit bâtie & connue sous ce nom en 1649. J'ai vu un Plan manuscrit sur lequel elle est indiquée sous la dénomination suivante, rue *des Morfondus dite d'Anjou*.

RUE SAINTE-ANNE. La partie de cette rue qui dépend de ce Quartier, commence au carrefour des quatre Cheminées, & finit à la rue neuve des Petits-Champs. Charles IX avoit projeté, en 1562, de réunir les Fauxbourgs S. Honoré & de Montmartre, & de les renfermer dans la Ville. Ce

(*a*) Tom. 1, p. 109.

dessein, qui n'avoit pu avoir alors son entière exécution, fut repris en 1633; & l'on commença en conséquence du traité qui fut pour-lors arrêté au Conseil, à bâtir & à percer des rues dans cet endroit. Celle-ci fut appelée rue *Sainte-Anne*, en l'honneur d'Anne d'Autriche, épouse de Louis XIII. Elle n'alloit encore, en 1663, que jusqu'à la rue Clos-Georgeau, au-dessus de laquelle étoient deux moulins qui l'avoient fait appeler rue *des Moulins* & *du Terrein aux Moulins*. Auparavant, cet endroit est nommé dans les anciens Titres de l'Archevêché (*b*) *la Place au sang*, & *la basse Voirie*, parce qu'on y déposoit les boues & les immondices. Le 15 Juin 1622, il fut affermé pour trois ans, *pour y voiturer des gravois & terres massives jusqu'à six pieds près de la hauteur de la Butte.* Le 15 Septembre 1667 (*c*), quatre particuliers obtinrent un Arrêt du Conseil, qui leur permettoit d'applanir cette butte, & d'y tracer douze nouvelles rues: elles furent couvertes de maisons dans les années suivantes, & tout cet endroit étoit bâti en 1677. C'étoit à l'entrée de cette rue qu'étoit le Marché aux Pourceaux, qu'on y avoit placé en 1528, & qui subsistoit encore en 1609. Je remarquerai ailleurs que la Butte S. Roch étoit ancienne, & qu'elle existoit avant que l'excavation des terres, lorsqu'on fit une nouvelle enceinte sous le régne de Charles IX, l'eût fait exhausser, comme elle l'étoit au siécle dernier.

(*b*) Arch. de l'Archev.

(*c*) Traité de la Pol. t. 1, p. 88.

RUE DE L'ARCADE ou DE LA POLOGNE. Elle va de la rue de la Magdeleine à celle de S. Lazare, vulgairement dite *des Porcherons*. Elle doit le premier nom à une arcade ou voûte qui sert à faciliter la communication des jardins des Religieuses de la Ville-l'Evêque, & le second à une maison & terrein appelé *la petite Pologne*, où elle conduit. Cette rue se trouve indiquée dans quelques Titres de l'Archevêché sous le nom de rue *d'Argenteuil*.

RUE D'ARGENTEUIL. Elle aboutit d'un côté à la rue des Frondeurs, de l'autre à la rue neuve S. Roch, & est ainsi nommée parce qu'elle est bâtie sur l'ancien chemin qui conduit à Argenteuil. Je n'ai pas trouvé qu'elle ait porté d'autre nom. Entre cette rue & celles des Moineaux & des Orties, étoit placé au siécle passé le Marché aux Chevaux; il y est resté jusqu'en 1667. Anciennement cet endroit s'appeloit *la haute Voirie du Fauxbourg S. Honoré*; il est ainsi énoncé dans un Titre nouvel du 12 Mars 1564 (*d*). En 1678, on proposa de transférer le Marché qui se tenoit rue S. Honoré près la Boucherie, & qui gênoit le passage. Il intervint Arrêt en conséquence le 19 Février de cette même année, mais il n'eut point d'exécution. L'utilité publique engagea les Marguilliers de S. Roch à proposer d'établir ce Marché rue d'Argenteuil, & de percer deux rues qui aboutiroient dans la rue neuve S. Roch & dans celle de S. Honoré. Un Arrêt du Conseil du 2 Mars 1686 renvoya cette

(*d*) Arch. de l'Archevêché.

demande à M. de la Reinie, Lieutenant-Général de Police ; &, fur fon avis, il y eut des Lettres-Patentes expédiées au mois de Décembre 1688, qui permirent cet établiffement. J'ignore quel obftacle a pu en retarder l'effet jufqu'à préfent.

Il y a dans cette rue un paffage qui communique à la rue S. Honoré ; il régne le long de l'Eglife S. Roch, & y conduit : c'étoit anciennement un cul-de-fac fous le nom de *S. Roch*, qui aboutiffoit à une des Portes de cette Eglife avant fa reconftruction : il y en avoit un femblable du côté de la rue S. Honoré.

RUE DES BOUCHERIES. Elle va de la rue S. Honoré dans celle de Richelieu. On la nommoit ainfi dès 1638, & les Regiftres des Enfaifinements de l'Archevêché à cette même année, portent qu'elle étoit nouvellement faite. Ce nom lui vient de la Boucherie des Quinze-Vingts, qui eft vis-à-vis, & que l'on conftruifit lorfqu'on démolit la Porte S. Honoré pour la reconftruire plus loin. C'eft fans doute fur la foi d'un Plan de De Fer, publié en 1692, que l'Auteur des *Tablettes Parifiennes* l'indique fous le nom de rue *des Fontaines* : je n'ai point vu ailleurs qu'elle l'ait jamais porté. Sur le Plan de Gombouft en 1652, fur ceux de Bullet en 1676, de Nolin en 1699, &c. elle eft toujours nommée rue *de la Boucherie*. De Fer, qui s'étoit trompé fur le nom de cette rue, n'a pas été plus exact fur un autre Plan, où il la confond avec celle du Rempart.

RUE DU CARROUSEL. Elle eft ainfi nommée de la Place qui eft devant le Château des Tuileries, & elle aboutit à la rue de l'Echelle. On fe rappelle sans doute que l'enceinte que fit faire Charles V régnoit le long de la rue S. Nicaise, au-delà de laquelle étoient des fossés; c'est sur l'emplacement de ces fossés qu'on a bâti depuis, les maisons qui sont entre la rue S. Nicaise & celle du Carrousel. Ainsi l'Auteur des *Tablettes Parisiennes* a trop reculé cette enceinte, en la faisant aboutir, sur son Plan, près du nouveau guichet, & en y comprenant les deux-tiers de la Place du Carrousel, qui étoient au-delà des murs.

Lorsque Catherine de Médicis fit bâtir le Palais des Tuileries, il se trouvoit isolé entre une rue qui prenoit depuis les Ecuries, & qui régnant le long de ce Palais, aboutissoit presque à la porte d'entrée actuelle, près le Pont Royal, & une place vague depuis les murs jusqu'à ce Palais. Les jardins en étoient séparés par la rue dont je viens de parler, qui se nommoit encore au milieu du siécle passé rue *des Tuileries*. Sur la place vuide, on traça une enceinte qui fut destinée, en 1600, à faire un jardin : il fut appelé, au commencement du régne du feu Roi, *le Jardin de Mademoiselle*, parce que cette Princesse habitoit ce Palais. On le détruisit lorsque Louis XIV eut donné ses ordres pour achever le bâtiment des Tuileries : il choisit cet emplacement pour y donner, les 5 & 6 Juin 1662, le spectacle pompeux d'un Carrousel, qui surpassa en magnificence les Fêtes publiques qu'on avoit données jusqu'alors. Depuis cette époque, cette Place, qui comprenoit non-seulement ce qui en reste aujourd'hui, mais encore les cours & l'espace couvert des maisons de la rue S. Nicaise de ce côté, retint le nom de *Place du Carrousel*, & le donna ensuite à la rue que formèrent les maifons qu'on permit de bâtir sur l'emplacement des fossés.

Le Palais des Tuileries. Il a été ainsi nommé, parce qu'il est situé sur un terrein où anciennement l'on avoit établi plusieurs Tuileries. Il paroît par plusieurs monuments, que la tuile qu'on employoit à Paris ne se faisoit qu'au Bourg S. Germain-des-Prés, entre les rues dites depuis des grands & des petits Augustins, & dans l'endroit qui conserve encore le nom de rue des vieilles Tuileries : on en établit ensuite de l'autre côté de la Seine, à un endroit appelé dans les anciens Titres *la Sablonnière* : (c'est le Jardin des Tuileries.) Il y en avoit trois en 1372, & elles s'y multiplièrent considérablement (*e*).

Au XIVe siécle, Pierre des Essarts & sa femme occupoient près des Quinze-Vingts une maison appelée l'Hôtel des Tuileries, qu'ils donnèrent à cet Hôpital, avec 42 arpents de terres labourables environnées de murs, qui en dépendoient. Au commencement du XVIe siécle, Nicolas de Neuville, Secrétaire des Finances & Audiencier de France, avoit en ce même endroit, du côté de la Seine, une grande maison avec des cours & jardins clos de murs. La Duchesse d'Angoulême, mère de François I, se trouvant incommodée au Palais des Tournelles qu'elle habitoit, voulut changer d'air; elle jeta les yeux sur la maison de M. de Neuville, commode & agréablement située; elle y recouvra la santé, ce qui engagea le Roi à en faire l'acquisition, & à donner à M. de Neu-

(*e*) Cens. de l'Evêché.

ville, en échange, le Château & Parc de Chantelou, près Arpajon : le contrat est du 12 Février 1518. (*v. st.*) (*f*). Six ans après, la Duchesse d'Angoulême, alors Régente, donna cette maison à Jean Tiercelin, Maître-d'Hôtel de M. le Dauphin, & à Julie du Trot, en considération de leur mariage, pour en jouir l'un & l'autre leur vie durant : les Lettres sont datées de Lyon du 1 Novembre 1525, mais elles ne furent enregistrées à la Chambre des Comptes que le 23 Septembre 1527. Charles IX, par son Edit du 28 Janvier 1564, ayant ordonné la démolition du Palais des Tournelles, Catherine de Médicis voulut en faire bâtir un autre, & choisit à cet effet la maison des Tuileries ; elle acheta les bâtiments & les terres voisines, & fit commencer le Palais & les Jardins : les fondements en furent jetés au mois de Mai de la même année. Les Jardins furent environnés d'un mur, à l'extrémité duquel on fit commencer les fortifications, du côté de la rivière, par un bastion auquel le Roi mit la première pierre le 11 Juillet 1566. On travailloit avec une ardeur inconcevable à ce superbe Palais ; il étoit deja composé du gros pavillon du milieu, des deux corps-de-logis qui l'accompagnent, & des deux pavillons qui les terminent, lorsque Catherine de Médicis, assez crédule pour ajouter foi à l'Astrologie, & assez foible pour craindre l'effet de ses vaines prédictions, abandonna le bâtiment des Tuileries, pour faire construire le Palais que nous avons vu, & qu'on a depuis appelé *l'Hôtel de Soissons*.

(*f*) Compte de l'Ordinaire de Paris 1519. — Hist. de Paris, t. 3, p. 576.

Les troubles dont le Royaume fut agité ſous le malheureux régne d'Henri III, ne lui permirent pas de penſer à continuer le Palais des Tuileries. Henri IV, vainqueur de la Ligue, & poſſeſſeur paiſible d'un Thrône que l'ambition & le fanatiſme lui avoient diſputé, crut ſa gloire intéreſſée à faire finir un monument digne de ſa grandeur & de ſa magnificence. On ajouta du côté de la rivière un nouveau corps-de-logis & un pavillon aux anciens, & l'on commença en 1600 cette ſuperbe Galerie qui joint ce Palais à celui du Louvre; mais le bâtiment ne fut point continué, du côté de la rue S. Honoré, ſous ce régne, ni même ſous celui de Louis XIII. Ainſi je ne ſais ſur quel fondement M. Piganiol (*g*) nous le repréſente alors dans la même étendue qu'il a préſentement; il ne me paroît pas plus exact dans les meſures qu'il rapporte: il ſuppoſe (*h*) que le terrein du Jardin n'étoit pas auſſi étendu qu'il l'eſt aujourd'hui, quoique, comme je l'ai remarqué ci-deſſus, on eût commencé dès 1566 le baſtion qui le termine. Il eſt vrai qu'il y avoit dans ce Jardin une Volière, un Etang, une Ménagerie, une Orangerie, &c. mais la deſtruction de toutes ces choſes n'a pas donné plus d'étendue au terrein, & la garenne qui le terminoit alors, en faiſoit partie. En 1664, le feu Roi chargea M. Colbert, Surintendant des Bâtiments, de continuer celui-ci. On fit au nord un corps-de-logis & un pavillon, ſymmétriques avec ceux du midi; on éleva les autres pour les rendre plus réguliers & mieux proportionnés, & l'on ajouta un nouvel

(*g*) Tom. 2, p. 365 & ſuiv. (*h*) Ibid. p. 375.

ordre au pavillon du milieu. Le célèbre le Nostre fut chargé de la disposition du Jardin : son habileté lui fit surmonter les obstacles de l'inégalité du terrein, & il le rendit l'objet de l'admiration des Parisiens & des Etrangers.

A l'extrémité du pavillon du côté de la rue S. Honoré, on commença une Galerie pareille à celle qui régne le long de la rivière ; mais ce projet n'a pas été exécuté. Ce pavillon étoit destiné pour le Grand-Ecuyer, & on lui a fait bâtir à côté un Hôtel particulier. Vis-à-vis sont les Ecuries, qui n'ont rien de remarquable, non-plus que la maison adjacente, où logent la plupart de ceux qui y sont employés.

Des deux côtés du Jardin régnent deux terrasses : le long de celle des Feuillans sont deux Manéges, dont l'un est couvert ; il fut construit dans le temps que Sa Majesté vint demeurer aux Tuileries. A l'extrémité de celle qui régne le long de la rivière, étoit une Porte qu'on a démolie en 1730, & qui s'appeloit *la Porte de la Conférence.* Nos Historiens ont varié sur le nom de cette Porte, sur le lieu & le temps où elle fut bâtie. D. Félibien (*i*) a pensé qu'il n'y avoit de différence que dans le nom, entre la Porte *Neuve* & celle de la Conférence ; il dit dans un autre endroit (*k*) qu'on bâtissoit cette Porte en 1659, dans le temps des Conférences entre les Ministres de France & ceux d'Espagne, qui furent suivies de la Paix des Pyrénées. Lemaire (*l*) assure que cette Porte fut bâtie sous François I, & rebâtie lors des Conférences

(*i*) Hist. de Par. t. 2, p. 1169.
(*k*) Ibid. p. 1469.
(*l*) Tom. 3, p. 485.

dont je viens de parler ; il dit auſſi qu'elle fut d'abord appelée la Porte Neuve, enſuite la Porte de la Conférence. Sauval s'exprime de même, en diſant (*m*) que le Jardin de Regnard *occupoit tout le baſtion de la Porte Neuve* ; cependant il en parle ailleurs comme d'un monument exiſtant ſous Charles IX. Le ſixiéme Plan du Commiſſaire Lamarre la repréſente comme bâtie ſous le même régne. M. Piganiol (*n*), qui a cru être mieux inſtruit, dit qu'*il ne paroît pas, par les Hiſtoriens contemporains, que pour lors ni long-temps après il y eût ici une Porte* ; & il ajoute qu'*il n'étoit pas difficile à nos Hiſtoriens d'éviter pluſieurs fautes qu'ils ont faites à ce ſujet ; qu'ils n'avoient qu'à jetter les yeux ſur l'eſtampe que Perelle en a faite, & qu'ils auroient vu que cette Porte fut élevée en 1633, & qu'il eſt aſſez vraiſemblable que le nom de Porte de la Conférence lui a été donné à l'occaſion des Conférences de Surênes entre les Députés du Roi & ceux de la Ligue, qui commencèrent le 29 Avril 1593.*

Il me paroît que ces différentes époques ne ſont pas exactes. 1° On ne doit point confondre la Porte Neuve, qui étoit preſque d'alignement avec la rue S. Nicaiſe, & celle de la Conférence, qui étoit au bout des Tuileries. 2° On ne peut imaginer que cette dernière ſubſiſtât ſous François I, ni même ſous les deux régnes ſuivants, puiſque le Jardin des Tuileries n'exiſtoit pas. 3° Il n'y a guère d'apparence que les Conférences de Surênes, tenues quarante ans avant que cette Porte fût bâtie, ſuivant l'opinion de M. Piganiol, lui aient fait donner le nom qu'elle a porté, & il n'eſt pas

---

(*m*) Tom. 2, p. 60.

(*n*) Tom. 2, p. 384 & ſuiv.

plus vraiſemblable qu'elle le doive à celles qui ont précédé la Paix des Pyrénées en 1659, puiſqu'elle eſt figurée ſur les Plans de Queſnei en 1608, de Mérian en 1620; déſignée ſous le nom de Porte de la Conférence dans de Chuyes, ſur le Plan de Gombouſt de 1652, & dans les *Mémoires de Brienne* à l'année 1653. Je conviens que ce fut par la Porte *Neuve* qu'Henri III ſortit de Paris en 1588, & que ſon ſucceſſeur y entra en 1594; d'où M. Piganiol conclud que la Porte de la Conférence n'exiſtoit pas pour-lors. Cette conſéquence n'eſt pas déciſive. 1° Tous nos Hiſtoriens (*o*) conviennent que le Roi ſortit par la Porte Neuve, & qu'il ſe rendit au Jardin des Tuileries, aux Feuillans, &c. donc la Porte Neuve & celle de la Conférence ne ſont pas la même, & doivent être diſtinguées; & je ne vois pas qu'on en puiſſe conclure que la dernière n'étoit pas bâtie. 2° Le ſilence des Hiſtoriens, qui ne parlent pas de la Porte de la Conférence, ne prouve point qu'elle n'exiſtât pas; ils n'en ont rien dit, parce que le départ précipité d'Henri III par une autre Porte ne leur donnoit pas occaſion d'en parler. Si l'on ſe rappelle ce que j'ai dit de la poſition du Jardin des Tuileries & du Pálais, qui étoient ſitués hors de la Porte S. Honoré & de la Porte Neuve, on ſe convaincra aiſément que, ſoit qu'il y eût ou non une Porte au bout de ce Jardin, c'étoit toujours par l'une des deux dernières qu'on pouvoit entrer dans Paris ou en ſortir de ce côté. L'Auteur que je viens de citer ne me paroît pas plus heureux dans le témoignage qu'il invoque en ſa

(*o*) Mézerai, t. 9, p. 336.

faveur; *il ne faut*, dit-il, *que jeter les yeux sur l'estampe de cette Porte que Perelle a fait graver* : cette estampe devoit le convaincre d'une plus grande ancienneté, puisqu'elle annonce que *la Porte de la Conférence fut rebâtie de neuf en* 1633; donc elle existoit auparavant, ainsi que le prouvent les Plans & les Historiens que j'ai cités.

Le Commissaire Lamarre (*p*), en avançant que la Porte de la Conférence fut bâtie sous Charles IX, ne s'exprime ni clairement, ni avec exactitude; il dit que *la Porte Neuve, proche le Louvre, fut reculée en* 1566 *jusqu'au lieu où elle est à présent.* C'est sur son témoignage que les Historiens de Paris ont confondu ces deux Portes; elles ont cependant existé toutes les deux dans le même temps, comme on peut s'en convaincre par l'inspection du Plan de Boisseau de 1643, de celui de Gombouft de 1652, & même du sixiéme Plan du Commissaire Lamarre. Il n'est pas vraisemblable d'imaginer que l'extrémité du Jardin des Tuileries fût environnée, comme elle l'étoit, d'un fossé qui alloit jusqu'à la rivière, sans supposer en même-temps une Porte & un Pont-levis pour empêcher ou pour faciliter la communication du chemin qui régnoit le long de ce Jardin, & qui conduisoit à la Porte Neuve.

Le Jardin des Tuileries étoit autrefois borné par une garenne & par un mur qui en bornoit la vue; on en abattit une partie, pour ménager l'aspect des Champs Elisées, lorsque ce Jardin eut été perfectionné par le Nostre; mais il en étoit séparé par un fossé. En 1716, on construisit un pont-tour-

(*p*) Tom. 1, p. 80 & 86.

nant pour en faciliter l'entrée & la ſortie. Cet ouvrage, d'une ſtructure ſimple & ſingulière, eſt de l'invention de Frère Nicolas Bourgeois, Auguſtin, connu par différents ouvrages de Méchanique fort ingénieux, & principalement par le Pont de bateaux de Rouen.

En face du Jardin des Tuileries étoient anciennement éparſes différentes petites maiſons irrégulières & iſolées, accompagnées de jardins, de près, & de terres labourables. Marie de Médicis avoit acheté une partie de ce terrein; elle y fit planter en 1616 trois allées formées par quatre rangs d'ormes, & fermées aux deux extrémités par des grilles de fer : cette promenade, connue ſous le nom de *Cours-la-Reine*, étoit deſtinée pour cette Princeſſe & pour ſa Cour, lorſqu'elle vouloit prendre l'air en carroſſe. Les arbres qu'on y avoit plantés furent arrachés, & on leur en ſubſtitua d'autres en 1723 : le reſte du terrein juſqu'au Fauxbourg S. Honoré, étoit partie en labour, & partie en garenne. En 1670, l'on y planta des arbres qui formoient diverſes allées, & l'on y ménagea des tapis de gazon : l'on appela cet endroit *les Champs Eliſées* : on les a replantés depuis. En face du Jardin étoit une eſplanade entourée d'un foſſé du côté du Cours, dont une partie ſervoit de magaſin aux marbres du Roi. Depuis quelques années, ce terrein a changé de face.

LA PLACE DE LOUIS XV. Dès l'année 1748, la Ville avoit décidé de faire élever une Statue équeſtre à LOUIS LE BIEN-AIMÉ. Des motifs particuliers firent préférer l'eſplanade dont je viens de parler, à tous les endroits qu'on avoit propoſés,

posés; Sa Majesté agréa qu'on y construisît une Place octogone, & qu'on y plaçât un monument éternel de l'amour des Parisiens pour sa Personne sacrée : les Lettres-Patentes expédiées à ce sujet sont du 21 Juin 1757. Dès le 22 Avril 1754, la Ville avoit posé la première pierre de cette Place : l'Inauguration de la Statue se fit avec une acclamation générale & avec les cérémonies accoutumées, le 20 Juin 1763.

RUE DES CHAMPS ELISÉES. Elle conduit du Fauxbourg S. Honoré aux Champs Elisées & à la Place de Louis XV : ce n'étoit qu'un simple chemin, sur lequel on a bâti quelques maisons au commencement de ce siécle. J'ai déja observé qu'anciennement on la nommoit, ainsi que la rue de la Magdeleine, rue *de l'Abreuvoir-l'Evêque*. Je ne trouve point de Plan avant celui de la Caille, en 1714, où elle soit nommée; il l'indique sous le nom de rue *de la bonne Morue*, qu'elle portoit il n'y a pas encore long-temps; mais le voisinage de la nouvelle Place a engagé à faire construire des deux côtés d'assez belles maisons; & en 1769 elle a quitté son ancien nom pour prendre celui de rue *des Champs Elisées*.

RUE DU CHEMIN VERD. Elle aboutit dans la rue du Fauxbourg S. Honoré & à la Ville-l'Evêque. Un chemin qui régne le long de l'égout, & qu'on appeloit *le Chemin verd* à cause de l'herbe qui y croissoit des deux côtés, a donné le nom à cette rue qui en a pris la place. Au siécle dernier, on la nommoit rue *des Marais*, & à présent la rue *Verte*.

RUE CLOS GEORGEAU. Elle donne d'un bout dans la rue Ste Anne, de l'autre dans la rue Traverſine. Quand on commença à bâtir ſur la pente de la Butte S. Roch, on ouvrit cette rue ſur le jardin d'un particulier dont elle prit le nom. Les Archives de l'Archevêché renferment pluſieurs Actes qui font mention du *Clos Jargeau ;* on y voit que le 12 Août 1610, Pierre Doria, Ecuyer, Sieur de Cernay, acquit 300 toiſes de terrein entre ce Clos & le Marché aux Chevaux ; & dans le Cenſier de l'Evêché de 1663, elle eſt indiquée rue *Clos Georgeault.*

RUE DE COURCELLE. *V. ci-après* Rue de Villiers.

RUE DAGUESSEAU. Elle traverſe de la rue du Fauxbourg S. Honoré dans celle de Surênes, & doit ſon nom à feu M. Dagueſſeau, qui la fit percer pour communiquer à un Marché qu'il avoit eu la permiſſion d'établir en cet endroit, & qu'on a transféré dans la rue du Chemin du Rempart.

RUE DU DAUPHIN. Elle donne d'un bout rue S. Honoré, vis-à-vis S. Roch, de l'autre dans la cour du Manége & à la porte du Jardin des Tuileries. J'ai obſervé que ce Jardin étoit ſéparé du Palais par une rue appelée rue *des Tuileries* & rue *neuve des Tuileries ;* c'eſt ſans doute ce qui a induit en erreur l'Auteur du Livre des *Rues de Paris*, imprimé chez Valleyre, qui donne ce nom à celle dont il s'agit, quoique celle-ci ſoit ſituée plus bas. Elles ſont indiquées toutes deux & diſtinguées dans *la Guide de Paris*, par de Chuyes. L'ancien nom de cette rue eſt celui de rue *Saint-*

Vincent; elle est ainsi indiquée en 1575 (*q*) & depuis ; on l'a ensuite appelée *cul-de-sac S. Vincent*, parce qu'elle est fermée toutes les nuits du côté des Tuileries. Elle a porté ce nom jusqu'au mois de Novembre 1744, que le Roi, à son retour de Metz, étant venu passer quelques jours aux Tuileries avec la Famille Royale, M. le Dauphin passa par cette rue pour aller entendre la Messe à S. Roch, & à son retour remarqua que pendant ce court intervalle on avoit ôté l'inscription de *cul-de-sac S. Vincent*, & substitué celle de *rue du Dauphin*, nom qu'elle a conservé depuis.

Rue du Doyenné. Elle aboutit dans la rue S. Thomas-du-Louvre & dans le cul-de-sac du même nom. On l'appeloit rue *du Doyenné S. Thomas-du-Louvre*, à cause de l'Eglise de S. Thomas, aujourd'hui de S. Louis, qui est contiguë : à l'égard du nom de *Doyenné*, il vient de ce qu'elle a été percée au milieu de la maison & cour du Doyen de S. Thomas. En 1639, les propriétaires des maisons situées en la Place dite *la petite Bretagne*, qui forment aujourd'hui les deux parties de la rue Matignon, proposèrent au Chapitre de S. Thomas de faire percer un petit cul-de-sac qui s'y trouvoit, & d'ouvrir ainsi une rue qui auroit sa sortie dans celle de S. Thomas : ces propositions furent acceptées, & le 2 Septembre de la même année (*r*) M. l'Archevêque rendit son Ordonnance, portant permission de passer le contrat, qui fut ensuite homologué & ratifié (*s*) par

(*q*) Cens. de l'Evêch.

(*r*) Sauval, t. 3, p. 189.

(*s*) Hist. de Paris, tom. 5, pag. 107.

Lettres-Patentes du mois de Janvier 1641, enregistrées le 7 Février suivant. Le Doyen réserva expressément les deux cabinets de sa maison, qui joignent l'Eglise ; c'est ce qui a occasionné l'arcade qu'on voit à l'entrée de cette rue.

RUE DE DURAS. Elle commence à la rue du Fauxbourg S. Honoré, & aboutit à l'ancien Marché Daguesseau : elle fut ouverte pour y communiquer, & prit son nom de l'Hôtel de Duras, le long duquel elle est située.

RUE DE L'ECHELLE. Elle va de la rue S. Honoré à celle du Carrousel & à la cour des Ecuries. C'est mal-à-propos que la Caille & le *Tableau des Rues de Paris*, imprimé chez Valleyre, lui ont donné le nom de *l'Echaudé*, qui ne convient qu'à celle de S. Louis, qui y aboutit. Elle est figurée sans nom sur les Plans de Gomboust & de Bullet, quoiqu'elle soit désignée dans le Censier de l'Archevêché de 1663. Je ne sais si les Evêques de Paris ont eu une Echelle patibulaire en cet endroit, qui en a fait donner le nom à la rue ; mais il est certain qu'au milieu du siécle dernier, c'étoit au coin de cette rue qu'étoit placée la Barrière des Sergents du For-l'Evêque.

RUE L'EVÊQUE. Elle va d'un bout au carrefour des quatre Cheminées, de l'autre à celui que forment les rues des Moineaux, des Moulins & des Orties. S'il étoit vrai, comme l'a avancé le Commissaire Lamarre, que l'applatissement de la Butte S. Roch, & les bâtiments qu'on y a élevés, eussent formé 12 nouvelles rues, celle-ci seroit du nombre ; mais elle & plusieurs autres sont plus anciennes, & de beaucoup antérieures à l'an 1667 où l'on commença à baisser cette Butte. Les Archives de l'Archevêché contiennent plusieurs Titres qui concernent cette rue, & qui sont du commencement du régne de Louis XIII ; il y en a même qui nous apprennent qu'elle s'appeloit anciennement rue *Culloir* : j'ignore l'étymologie de ce nom. Quant à celui de *l'Evêque*, il vient peut-être de ce qu'elle fut ouverte sur *la haute Voirie*, qui appartenoit à l'Evêque de Paris.

RUE SAINT-FLORENTIN. Elle va de la rue S. Honoré aux Tuileries, & s'appeloit ci-devant rue ou *cul-de-sac de l'Orangerie* : elle devoit ce nom à l'Orangerie du Roi, qui étoit située au bout. Sauval (*t*) l'appelle rue *des Capucins* & *petite rue des Tuileries* : ces deux rues ou cul-de-sacs sont distingués dans de Chuyes ; la petite rue des Tuileries est celle-ci, & la rue des Capucins subsiste encore dans le passage qui sépare leur Couvent de celui des Feuillans. Il paroît, par les Titres de S. Eloi, que l'alignement en fut pris en 1640, & que dès 1651 on la nommoit rue de l'Orangerie : cependant Gomboust & Bullet ne lui donnent que le nom général de *cul-de-sac*. M. le Duc de la Vrillière, Ministre & Secrétaire d'Etat, ayant fait bâtir son Hôtel dans cette rue, elle changea de nom, & prit, le 26 Janvier 1767, celui de rue *Saint Florentin*, sous lequel ce Ministre étoit alors connu.

RUE DES FRONDEURS. Elle aboutit à la rue S.

(*t*) Tom. 1, p. 122.

Honoré & au carrefour des quatre Cheminées. Elle n'est indiquée sous aucun nom sur les Plans de Gomboust & de Bullet : le premier où je la trouve nommée est une copie de celui de Jouvin de Rochefort, que de Fer fit graver par Inselin en 1697, & qu'il n'a pas ajoutée sur l'original qu'il reproduisit sous son nom en 1714. S'il est vrai que le mot de *Frondeurs* vienne du parti opposé à celui du Cardinal Mazarin, connu dans notre Histoire sous le nom de *la Fronde*, elle n'a pu être appelée ainsi que depuis 1648.

RUE DU HAZARD. Elle va de la rue Traversine à celle de Sainte-Anne. Je ne sais à quelle occasion ce nom lui a eté donné. Elle étoit connue avant le régne du feu Roi, & elle est indiquée sous ce nom dans un Censier de l'Archevêché de 1622 : cependant de Chuyes n'en fait pas mention ; elle n'est pas même tracée sur le Plan de Gomboust.

RUE S. HONORÉ. La partie de cette rue qui dépend de ce Quartier, commence au coin de la rue des Bons-Enfants, & finit au Boulevard, près duquel étoit une Porte qui fut abattue en 1733, comme je le dirai plus bas. J'ai déja remarqué qu'anciennement on la nommoit, dans cette partie, *la Chauciée S. Hounoré* & la *grand rue S. Honoré*; mais depuis la Porte située près la rue S. Nicaise, on l'appeloit rue *neuve S. Louis*, *vicus novus S. Ludovici extrà Portam S. Honorati.* Elle est ainsi désignée dans un Compte de 1407, rendu au Chapitre de Notre-Dame, le Siége vacant (*u*), & elle

(*u*) Arch. du Chap. de Notre-Dame.

le portoit à la fin du même ſiécle & dans le ſuivant (*x*). De toutes nos rues, c'eſt celle où l'on trouve le plus grand nombre d'Egliſes, de Couvents & d'Edifices remarquables : je vais les parcourir ſucceſſivement.

LE PALAIS ROYAL. Je ne ſais ſi Sauval (*y*) ne s'eſt pas trompé en diſant qu'il a été bâti ſur les ruines des Hôtels de Luxembourg & de Rambouillet, ni ſi M. Piganiol (*z*) a été plus exact en diſant que c'eſt ſur celles des Hôtels de Mercœur & de Rambouillet, ces deux derniers étant réunis & ne devant pas être diſtingués l'un de l'autre. Il eſt conſtant que le Connétable d'Armagnac poſſédoit rue S. Honoré, près les murs, un Hôtel conſidérable, & qu'une partie du Palais Royal en occupe l'emplacement. Le Connétable ayant été ſacrifié en 1418 à la haine du Duc de Bourgogne, ſon Hôtel fut confiſqué, & donné au Comte de Charolois. Au commencement du ſiécle précédent, cet Hôtel appartenoit aux Ducs de Brabant & de Juliers. Je n'ai rien trouvé qui prouve qu'il ait paſſé dans la Maiſon de Luxembourg, qui poſſédoit déja un Hôtel dans cette rue, mais de l'autre côté, entre le cul-de-ſac de l'Oratoire & la rue du Coq. A l'égard de l'Hôtel de Rambouillet, qui fait la plus grande partie du Palais Royal actuel, il y avoit long-temps que cette Maiſon en jouiſſoit, lorſque le Duc de Mercœur en fit l'acquiſition en 1602, pour agrandir celui qu'il avoit déja dans la rue des Bons-Enfants. Les

(*x*) Cenſ. de l'Evêché.
(*y*) Tom. 2, p. 128.
(*z*) Tom. 2, p. 314.

Historiens de Paris (&) disent que la Duchesse de Mercœur le vendit au Marquis d'Estrées, qui le revendit au Cardinal de Richelieu. Comme ce fut elle qui en fit l'acquisition, & qu'elle étoit de la Maison de Luxembourg, c'est peut-être pour cette raison que Sauval lui a donné le nom de Luxembourg : il ajoute que cette Duchesse le rendit à la Famille de Rambouillet l'année d'après, & qu'il fut ensuite adjugé à M. Dufresne, Secrétaire des Commandements, qui le revendit au Cardinal de Richelieu en 1624. Ces récits paroissent impliquer contradiction : pour les concilier, il faut observer que le Marquis de Rambouillet rentra, par voie de retrait, dans son Hôtel, qui fut depuis vendu à M. Dufresne ; que la Duchesse de Mercœur trouvant alors le sien trop petit, le vendit au Marquis d'Estrées, & que le Cardinal les acheta tous les deux. Nos Auteurs (a) disent que ce Ministre en jeta les fondements en 1629 : il seroit singulier qu'en ayant fait l'acquisition en 1624, il eût resté cinq ans sans remplir l'objet qu'il s'étoit proposé. Ce Palais, qui fut d'abord appelé *l'Hôtel de Richelieu*, ne fut pas dans ses commencements aussi étendu que nous le voyons aujourd'hui : mais la fortune & la puissance de ce Ministre ayant augmenté, l'Hôtel de Richelieu fut agrandi ; le mur d'enceinte de la Ville, qui en rendoit le terrein irrégulier, fut abattu, le fossé comblé, le jardin prolongé. Le Cardinal fit de nouvelles acquisitions, tant du côté de la rue des Bons-Enfants, que du côté de celle qu'il fit percer, & à laquelle on donna son nom : par ses ordres, cet

(&) Tom. 2, p. 1374.

(a) Blondel, liv. 6, p. 14.

Hôtel fut appelé *Palais Cardinal*, inſcription qui a toujours ſubſiſté juſqu'à la reconſtruction qu'on vient de faire de la façade & de la principale porte d'entrée. Le terrein qui ne fut point compris dans les bâtiments & dans le jardin, fut diſtribué en pluſieurs places, qui furent données à rente au ſieur Barbier, & ſur leſquelles on a bâti les maiſons des trois rues qui environnent ce Palais : il fut achevé en 1636. Le Cardinal ne négligea rien pour l'orner : tout ce que le goût & les Arts purent inventer pour l'enrichir, y fut employé avec cette magnificence qui annonçoit celle du Miniſtre qui l'avoit fait bâtir, & lui-même ne le crut point indigne de ſervir de ſéjour à nos Rois. Dès l'année 1639, il en fit une donation entre-vifs à Louis XIII, ainſi que de ſa Chapelle garnie de pierreries, & de pluſieurs bijoux d'un très-grand prix ; il la renouvela par le Teſtament qu'il fit en 1642 : il ne s'en étoit réſervé que l'uſufruit, & la Capitainerie ou Conciergerie pour ſes ſucceſſeurs Ducs de Richelieu ; ce fut cette dernière clauſe qui l'engagea à leur faire bâtir un Hôtel joignant le Palais Cardinal, & qui en fait aujourd'hui partie du côté de la rue de Richelieu. Les maiſons adjacentes au Palais Royal, du côté de la rue S. Honoré, faiſoient auſſi partie des acquiſitions du Cardinal de Richelieu : comme elles n'entroient point dans la conſtruction de ſon Palais, Armand-Jean de Vignerot, Duc de Richelieu, ſon neveu & ſon héritier, les vendit le 29 Mai 1655 au ſieur Charles de Flacourt, qui s'aſſocia le même jour Simon de l'Epine, Maître des œuvres des Bâtiments du Roi, & Claude Boileau ; ils en firent le partage entr'eux le 31 Mars 1660. Je rapporte cette circonſtance, parce qu'elle nous apprend pourquoi l'on avoit placé sur le mur de ces maisons les statues de S. Charles, de S. Simon & de S. Claude.

Le Cardinal de Richelieu étant mort le 4 Décembre 1642, & Louis XIII ne lui ayant survécu que jusqu'au 14 Mai suivant, le Roi, la Reine Régente, & la Famille Royale vinrent, le 7 Octobre de la même année, prendre possession de ce Palais, & y fixer leur demeure. On ôta pour-lors l'inscription de *Palais Cardinal* pour y substituer celle de *Palais Royal*; & quoique la Reine-Mère, à la sollicitation de la Famille de Richelieu, eût fait remettre l'ancienne inscription, le nom de Palais Royal lui est toujours resté depuis. Louis XIV le céda en 1692 à Monsieur le Duc d'Orléans, son frère unique, par augmentation d'apanage pour lui & ses descendants mâles. Ainsi c'est sans fondement que M. Piganiol avance qu'en 1692, le Roi en céda la propriété à M. le Duc de Chartres, depuis Régent du Royaume, en considération de son mariage avec Mademoiselle de Blois, légitimée de France. Je conviens que le Roi, par ses Lettres-Patentes du mois de Février 1692, put avoir en vue de procurer à son Neveu un Palais digne de lui, & que ce fut dans le temps de son mariage que ces Lettres furent expédiées; mais elles ne font mention que de Monsieur, frère unique de Sa Majesté: il y est dit que la cession de ce Palais lui est faite *par augmentation d'apanage*; &, loin qu'il soit question de propriété, elles portent expressément que, *dans le cas de réversion*, les héritiers de Monsieur seront remboursés des augmentations ou des améliorations qu'on auroit faites.

Le Cardinal de Richelieu avoit pour les Spectades un goût trop décidé, pour ne pas chercher les moyens d'en faciliter les progrès. Il fit construire deux Théâtres au Palais Royal, dont l'un destiné pour des spectateurs choisis, pouvoit en contenir 500; l'autre, plus vaste, étoit élevé dans une Salle qui en contenoit environ 3000. Le Roi donna cette Salle à Molière en 1660; mais après sa mort, arrivée le 17 Février 1673, Sa Majesté la destina aux représentations des Piéces dramatiques en musique, connues sous le nom d'*Opéra*. Ce Spectacle a toujours été donné depuis sur ce Théâtre, jusqu'au 6 Avril 1763 qu'il fut consumé par un incendie. Cette Salle a été rebâtie au même endroit, & ouverte au Public le 26 Janvier 1770.

Je ne m'étendrai point sur l'origine de ce Spectacle né en Italie & perfectionné en France; on peut consulter à ce sujet le *Dictionnaire des Théâtres*. On entroit ci-devant à ce Spectacle par un cul-de-sac nommé *de l'Opéra*, mais dont le nom ancien a été altéré, défiguré ou changé dans les Nomenclatures: sur le Plan de Boisseau, on l'indique sous le nom de *Cour au Ris*, & sur celui de Gomboust *Cour Auri*; de Chuyes l'appelle *Cour du Roi*; Valleyre, dans ses *Rues de Paris* & son *Guide Parisien*, *Courtavoye* & *Cour Savoye*; Sauval écrit *la Cour Oris*, & croit que ce nom peut venir de Pierre *d'Oris*, Général des Finances sous Louis XI. Je pense que ce nom est celui d'un particulier nommé *Orri*, qui vivoit cent ans avant l'époque donnée par Sauval; car le Censier de l'Evêché de 1372 fait mention de la ruelle de la *Court Orry*.

Vis-à-vis ce Palais étoit l'Hôtel de Sillery: il appartenoit à Noël Brulart de Sillery, Prêtre, Chancelier de l'Ordre de S. Jean de Jérusalem,

Commandeur du Temple de S. Jean de Troies ; qui le vendit le 22 Mars 1640, moyennant 50 mille écus, à M. Charles d'Escoubleau, Marquis d'Alluye & de Sourdis, qui, le même jour, en fit sa déclaration au profit du Cardinal de Richelieu. L'intention de ce Ministre étoit d'en faire une Place devant son Palais ; mais ce dessein n'étoit pas encore exécuté lorsqu'il mourut. La Cour étant venue occuper ce Palais en 1643, comme je l'ai dit ci-dessus, on acheva de démolir l'Hôtel de Sillery, ainsi que quelques maisons voisines, pour y faire des Corps-de-Gardes. Les Historiens de Paris (b) disent que la rue S. Thomas-du-Louvre étoit alors la seule avenue du Palais Royal, d'où il s'ensuivroit que l'Hôtel de Sillery auroit couvert toute la Place, & que la rue Froi-manteau auroit été prolongée sur ses ruines jusqu'à la rue S. Honoré, ce qui n'est pas exact ; l'inspection seule du Plan de S. Victor, publié par d'Heulland, suffit pour s'en convaincre. Cette Place n'étoit point alors aussi grande qu'elle l'est aujourd'hui : des maisons vieilles & sans symmétrie formoient au Palais Royal une perspective desagréable ; en 1719, M. le Duc d'Orléans, Régent, les fit abattre, & fit construire sur leur emplacement un réservoir pour les eaux, dont la façade, de 20 toises de large, présente un bel aspect : au milieu est une Fontaine publique, construite avec goût. Ce bâtiment s'appelle *le Château d'Eau* ; il a été élevé sur les dessins de Robert de Cotte, premier Architecte du Roi.

(b) Hist. de Paris, t. 2, p. 1375.

L'HÔPITAL ROYAL DES QUINZE-VINGTS. Il est des fables que la crédulité a tellement accréditées, que, malgré la vérité qui les détruit, elles trouvent encore des partisans & des défenseurs : telle est celle qui attribue à S. Louis la fondation de l'Hôpital des Quinze-Vingts, pour servir d'asyle à trois cents Gentilshommes François que ce Prince avoit, dit-on, laissés en ôtage en Egypte, & que les Sarrasins renvoyèrent en France après leur avoir fait crever les yeux. L'autorité de Belleforest & de Corrozet (*c*), qui ont adopté cette fable, a paru à du Breul (*d*) préférable au témoignage des Auteurs de la *Vie de S. Louis*, qui étoient contemporains, & à celui de Guillaume de Nangis, de Gaguin, de Paul Emile & autres Historiens, qui ne font aucune mention de cette circonstance. Il faut avouer que cette opinion ne fait pas honneur à son discernement, non-plus que la preuve qu'il en rapporte ; car, parce que S. Louis, dans des Lettres de 1269 (*e*), parlant du nombre des pauvres aveugles, veut qu'il soit toujours fixé à trois cents, comme il l'avoit déja ordonné, *prout aliàs ordinavimus*, il n'en faut pas conclure qu'il ait fait cette fondation pour 300 Gentilshommes aveugles, mais seulement qu'il avoit déja ordonné qu'il y auroit 300 pauvres aveugles dans l'Hôpital qu'il avoit établi. J'observe en passant qu'il en avoit fixé le nombre, qui, peu auparavant, montoit à 350 & plus, au rapport des Historiens de ce temps (*f*).

(*c*) Belleforest, p. 676. — Corrozet, fol. 78.

(*d*) Du Breul, p. 968.

(*e*) Hist. de Par. t. 3, p. 271.

(*f*) Nangis & Beaulieu. — Duch. t. 5, p. 368 & 452.

On voit dans les premiers Titres qui ont rapport à cette fondation, & dans les Bulles qui la concernent, que c'est *la Maison des Aveugles*, *la Congrégation*, *l'Hôpital des pauvres Aveugles de Paris* : nulle mention de ces 300 Chevaliers, nul indice qu'ils aient donné lieu à cet établissement; le silence des Titres & des Historiens contemporains détruit même toute idée qu'ils y aient eu la moindre part. Comment d'ailleurs présumer que S. Louis, ce Prince judicieux & équitable, qui connoissoit le prix des services & savoit les récompenser, eût borné sa générosité & sa reconnoissance pour trois cents Nobles qu'on suppose avoir perdu la liberté & la vue pour son service, à leur procurer un simple asyle, sans pourvoir à leurs besoins d'une façon convenable à leur naissance? On voit que les pauvres Aveugles mandioient dans les rues & dans les Eglises; qu'on quêtoit pour eux dans les principales Villes du Royaume, & que près de quinze ans après leur établissement ils étoient encore si peu rentés, que S. Louis, par ses Lettres données à Melun au mois de Mars 1269, leur accorda 30 liv. de rente pour avoir du potage. Ces faits, prouvés par les monuments les plus authentiques, sont, à ce que je crois, plus que suffisants pour détruire la fable de 300 Chevaliers aveugles, que du Breul avoit adoptée, & qu'on retrouve dans Sauval & dans Brice (g).

Les pauvres Aveugles formoient, avant le régne de S. Louis, une Société ou Congrégation, dont les membres vivoient en particulier des foi-

(g) Sauval, t. 1, p. 508. — Brice, t. 1, p. 267.

bles ressources que leur procuroit la charité des Fidèles ; les secours leur manquoient presque totalement, lorsque l'âge ou les infirmités ne leur permettoient plus de les aller chercher. S. Louis, touché de compassion pour leur état, forma, vers 1254, le dessein de leur donner un asyle commun ; il acheta, à cet effet, dans la Censive de l'Evêché, une partie du terrein sur lequel cet Hôpital est construit. Je n'ai pu découvrir ce premier Titre de fondation, mais ceux qui le concernent, & qui nous restent, ne permettent pas de douter que l'intention du Roi n'ait eu son entière exécution en 1260. On voit qu'en cette année, Saint Louis assigna 15 livres de rente, sur la Prévôté de Paris, à Jean le Breton, qu'il avoit établi Chapelain de cette Maison, & que le Pape Alexandre IV, par sa Bulle du 23 Juillet 1260 (*h*), accorda des Indulgences à ceux qui visiteroient l'Eglise de cet Hôpital, bâtie sous l'invocation de S. Remi, le jour où l'Eglise fait mémoire de la Translation de ce Saint, & les trois mois suivants : cette Bulle fut confirmée, en 1261 & 1265, par celles d'Urbain IV & de Clément IV. Ces Actes ne permettent pas de douter que l'Eglise de S. Remi ne subsistât pour-lors; ainsi c'est sans aucun fondement, contre la teneur des Actes les plus authentiques, & contre le témoignage des Historiens contemporains, que l'Abbé Lebeuf (*i*) en recule l'époque jusqu'en 1282, où le Chapitre de S. Germain accorda, selon lui, à cet Hôpital un arpent de terre *pour la Chapelle* & le Cimetière. Cet énoncé n'est pas exact, ni conforme à l'extrait

(*h*) Du Breul, p. 969.

(*i*) Tom. 1, p. 62.

qu'ont donné de cet Acte les Auteurs de *la Gaule Chrétienne* (*k*), cités par cet Académicien. Cet Acte, passé devant l'Official de Paris le Samedi avant la fête de la Nativité de S. Jean-Baptiste 1282 (*l*), est un échange fait entre la Congrégation de la Maison des pauvres Aveugles & le Chapitre de S. Germain-l'Auxerrois : on lui cède 10 liv. 15 s. de rente sur deux maisons près la grande Boucherie, & en contréchange le Chapitre accorde aux Quinze-Vingts la permission d'avoir un Cimetière & deux cloches du poids de cent livres chacune, & leur abandonne la dixme qui appartenoit au Chapitre sur la terre dudit Hôpital. Il n'est point fait mention dans cet Acte de la Chapelle, & si elle n'eût pas été bâtie, il auroit été ridicule de demander la permission d'avoir des cloches ; mais, comme je l'ai dit, il y avoit plus de vingt-deux ans qu'elle existoit sous le nom de *S. Remi*, lors de l'Acte dont je viens de parler. L'Abbé Lebeuf eût sans doute tiré une conséquence plus favorable à son systême, des Lettres de Ranulphe de Homblonnière, Evêque de Paris, du mois de Décembre 1282, par lesquelles il permet aux pauvres Aveugles de faire célébrer l'Office divin dans leur Chapelle tant qu'il le trouvera bon (*m*), *quamdiù nostræ placuerit voluntati* ; d'où l'on pourroit inférer que cette Chapelle venoit d'être finie : mais, encore une fois, elle subsistoit depuis plus de vingt ans, l'Office divin s'y célébroit ; ainsi il ne faut regarder cette permission de l'Evêque que comme la ratification

(*k*) Gall. Chr. t. 7, col. 259.

(*l*) Cart. S. Germ. Autiss. fol. 6 verso.

(*m*) Cart. Epis. ex Bibl. Reg. n° 5185, fol. 261.

de

dè celles qui avoient été précédemment accordées par Renaud de Corbeil & Etienne Tempier, ſes prédéceſſeurs, & non comme une grace nouvelle dont les Aveugles n'avoient pas encore joui. Je préſume volontiers que ces ſortes de permiſſions ſe renouvelloient alors pour éviter des conteſtations, & que les Evêques les accordoient pour ſe maintenir dans leur droit, auquel il ſemble que S. Louis avoit donné quelque atteinte, en ſoumettant cet Hôpital à la viſite & correction de ſon Grand-Aumônier, au préjudice de l'Evêque, à qui ce droit appartient. Je fonde ma conjecture ſur l'exercice de ce droit, conteſté plus d'une fois au Grand-Aumônier, qui y a été maintenu par une Bulle de Jean XXIII du 10 Novembre 1412 (*n*), qui priva l'Evêque de la Juriſdiction ſpirituelle ſur cet Hôpital, pour la donner au Grand-Aumônier, &, s'il n'étoit pas Prêtre, au premier Chapelain du Roi; ce qui s'eſt toujours obſervé depuis.

Le nombre des Aveugles étoit ſi conſidérable au XIVe ſiécle, qu'ils ne pouvoient pas être tous admis dans l'Hôpital; & comme les uns & les autres étoient confondus, Philippe le Bel, par un Réglement fait à Paſſy au mois de Juillet 1309, ordonna que les Quinze-Vingts fondés par S. Louis porteroient une Fleur-de-lys ſur leur habit, pour les diſtinguer des autres Congrégations d'Aveugles fondées avant eux.

Je n'entrerai point dans le détail des diverſes donations faites à cet Hôpital, & des terreins dont il a ſucceſſivement fait l'acquiſition, ni dans celui des

(*n*) Du Breul, p. 972.

Réglements qu'on a faits pour son administration; mais je dois observer qu'elle a été gérée avec tant de prudence & d'économie, qu'il s'est vu en état d'élever sur son terrein des bâtiments immenses, dont le revenu est d'autant plus considérable, qu'ils ne sont habités que par des gens qui y travaillent & y vendent sous le privilége de la franchise dont cet Hôpital jouit de toute ancienneté.

J'ai déja observé que le chemin ou rue qui se trouvoit au-delà de la Porte S. Honoré de l'enceinte de Philippe-Auguste, s'appeloit *la Chaussée S. Honoré*; mais depuis que l'Hôpital des Quinze-Vingts y fut bâti, & après la mort du saint Roi qui l'avoit fondé, cette rue & la continuation prirent insensiblement le nom de *grand rue S. Louis*, sous lequel on la trouve énoncée dans les Titres des XIVe & XVe siécles : lorsqu'on recula en 1633 la Porte S. Honoré jusqu'au Boulevard actuel, on la nomma *la rue neuve S. Honoré*.

De cet Hôpital dépendoit une Chapelle sous le titre *de S. Nicaise* : elle est abandonnée depuis quelques années, & sert à des usages profanes. Elle a donné le nom à une rue dont je parlerai plus bas.

L'EGLISE DE S. ROCH. Elle est un démembrement de celle de S. Germain-l'Auxerrois. Tous nos Historiens conviennent qu'elle occupe la place de deux Chapelles, dont l'une étoit sous le titre de *Sainte Susanne*, & l'autre sous celui des *Cinq Plaies de N. S.* ils reconnoissent qu'elle fut d'abord érigée en Succursale de S. Germain, & ensuite en Paroisse ; mais ils varient sur la date de ces deux époques. Du Breul (*o*) dit qu'en 1578, *aliàs* 1587, l'Evêque de Paris permit de bâtir la Chapelle de S. Roch : Sauval (*p*) adopte la première date, ainsi que la Caille ; l'Auteur du *Calendrier historique* la place en 1576, & celui des *Tablettes Parisiennes* la fait remonter à l'an 1525 : à l'égard de l'érection de la Cure, Sauval, la Caille & le dernier des Auteurs que je viens de citer, la fixent en 1630, l'Abbé Lebeuf (*q*) au 2 Mars 1629, les Historiens de Paris en 1633 (*r*) ; & l'Auteur du *Supplément* de du Breul (*s*), qui écrivoit en 1639, lui donne une date plus ancienne, en disant qu'elle étoit devenue Cure depuis douze ou quinze ans. Le détail historique où je vais entrer, servira ou à concilier ou à réformer ces différentes opinions.

L'emplacement de l'Eglise de S. Roch étoit anciennement occupé par une grande maison accompagnée de jardins, appelée *l'Hôtel de Gaillon* ; il avoit donné son nom à ce Quartier & à la rue neuve S. Roch, le long de laquelle il régnoit. A côté de cet Hôtel étoit une Chapelle de sainte Susanne, dont je n'ai pu découvrir ni le fondateur, ni l'origine : mais soit qu'elle eût été bâtie par le propriétaire de cet Hôtel, soit à cause de la proximité, il est certain que dans tous les Titres elle est appelée *la Chapelle de Gaillon* ou *de sainte Susanne de Gaillon*, & que lorsqu'en 1578 on proposa d'acquérir cette Chapelle pour agrandir l'Eglise qu'on projetoit, le Titulaire n'y consentit qu'à la charge que dans cette nouvelle Eglise,

(*o*) Du Breul, p. 754.
(*p*) Tom. 1, p. 333.
(*q*) Tom. 1, p. 123.
(*r*) Hist. de Paris, tom. 2, p. 1356.
(*s*) Du Breul, édit. de 1639, p. 56.

& le plus près qu'il se pourroit du grand Autel, on en éleveroit un qui seroit appelé *l'Autel de la Chapelle de Sainte Susanne de Gaillon.*

A côté de cette Chapelle, & à l'endroit où depuis on a construit le portail & les marches de l'Eglise de S. Roch, Jean Dinocheau & sa femme en avoient fait bâtir une dès l'année 1521, sous le titre des *Cinq Plaies*, y avoient fondé trois Messes par semaine, & avoient obtenu que le Dimanche il y auroit Eau bénite & Pain bénit.

Jacques Moyen ou Moyon, Espagnol, fixé à Paris depuis plusieurs années, avoit obtenu, au mois de Juillet 1576, des Lettres-Patentes enregistrées au Parlement (*t*), qui lui permettoient d'établir dans un des Fauxbourgs un Hôpital pour les François & les Etrangers affligés des écrouelles, & il avoit jeté les yeux sur la maison & la Chapelle de Gaillon. Les habitants de ce Quartier, dont le nombre s'étoit considérablement multiplié, avoient dessein d'y faire construire une Eglise succursale de S. Germain-l'Auxerrois, & la Chapelle des Cinq Plaies leur parut propre pour remplir leur objet. Etienne Dinocheau, neveu du fondateur, ne se contenta pas d'entrer dans leurs vues, il voulut encore contribuer à leur succès; il renonça aux droits qu'il pouvoit avoir sur cette Chapelle, & donna, le 13 Décembre 1577, un grand jardin & une place contiguë à sa Chapelle. L'Official, par sa Sentence du 18 Août 1578, permit aux habitants du Fauxbourg S. Honoré d'avoir une Eglise succursale, & ils acquirent, le 30 Octobre suivant, la Chapelle de Gaillon & ses dépendances: Sauval (*u*) dit que ce fut le 29 No-

(*t*) Reg. du Parl. ann. 1576. | (*u*) Tom. 1, p. 333.

vembre, & l'Abbé Lebeuf en 1584 (*x*). C'eſt d'après le premier de ces Auteurs que nos Hiſtoriens placent en 1578 l'époque d'une Egliſe ſuccurſale ſous le titre de S. Roch, en confondant la permiſſion de l'Official avec l'érection même, qui n'a pu avoir lieu qu'après la conſtruction de la nouvelle Egliſe, & par conſéquent pluſieurs années après la Sentence de 1578 : on en ſera facilement convaincu, ſi l'on fait attention que la permiſſion accordée aux habitants du Fauxbourg S. Honoré éprouva des obſtacles qui firent naître différentes conteſtations. Jacques Moyen, qui ſe trouvoit troublé dans l'exécution de ſon projet pour l'établiſſement d'un Hôpital, avoit interjeté appel comme d'abus de la Sentence de l'Official, & obtenu un Arrêt le 11 Décembre 1578, qui défendoit à ſes adverſaires de paſſer outre, ſous peine de 200 écus d'amende. Mais la néceſſité d'avoir une Egliſe dans ce Fauxbourg, qui ſe peuploit tous les jours, le credit & les motifs des habitants qui avoient obtenu, le 11 Mai 1579, une ſeconde Sentence de l'Official confirmative de la première, & les obſtacles qu'éprouvoit Jacques Moyen pour l'exécution entière de ſon projet, lui firent penſer qu'il étoit plus prudent de faire bâtir ſon Hôpital ailleurs, & il le plaça au Fauxbourg S. Jacques, en vertu d'un Arrêt du 18 Août 1581.

D'un autre côté, le Chapitre de S. Germain & le Curé n'avoient conſenti qu'à regret à l'établiſſement d'une Succurſale ; la nomination d'un Vicaire ou Deſſervant, & la perception de certains droits réclamés par le Doyen, le Chapitre, le

---

(*x*) Lebeuf, t. 1, p. 122.

Curé & les Marguilliers, occasionnèrent entr'eux des contestations, qui ne furent terminées qu'au commencement du dernier siécle.

Je pense donc que la Sentence de l'Official, de 1578, qui permet aux habitants du Fauxbourg S. Honoré d'avoir une Succursale, n'en doit pas être considérée comme la véritable époque, & qu'il faut la placer, non pas en 1584, comme l'a dit l'Abbé Lebeuf, mais en 1582, aussi-tôt que Jacques Moyen eut choisi un autre emplacement pour son Hôpital, & qu'il y eut été autorisé par l'Arrêt du 18 Août 1581. Mon opinion se trouve fondée sur la Sentence d'érection de la Chapelle de S. Roch en Paroisse, du 30 Juin 1633, qui porte qu'il y avoit alors plus de cinquante ans qu'elle étoit succursale de S. Germain.

En conséquence des conventions particulières faites entre le Chapitre & le Curé de S. Germain, c'étoit ce dernier qui nommoit le Desservant de l'Eglise de S. Roch. Jean Rousse, qu'il avoit nommé à cette place par ses Lettres du 5 Novembre 1621, paroît être le premier qui en ait joui tranquillement. Il engagea les habitants, dont le nombre étoit fort considérable, à acheter l'Hôtel de Gaillon, & à demander que l'Eglise de S. Roch fût distraite de celle de S. Germain, & érigée en Paroisse. Cette acquisition fut faite en 1622; mais les habitants du Fauxbourg S. Honoré ne trouvèrent pas la même facilité à obtenir leur demande; le Chapitre & les Curés de S. Germain & de la Ville l'Evêque s'y opposèrent: ces obstacles ne furent levés que onze ans après. J'ai déja dit que l'Abbé Lebeuf avoit fixé au 2 Mars 1629 l'époque de l'érection de cette Cure: je n'ai rien trouvé qui justifie cette date, elle est même contredite par tous les Actes qui en font mention ; car la Sentence de l'Official pour la visite & l'information préalables, n'est que du 20 Février 1630, & la Sentence qui prononce ladite érection, du 30 Juin 1633 (y).

L'Eglise de S. Roch avoit été bâtie en 1587 (z), & il est assez vraisemblable qu'on lui avoit donné le nom de ce Saint, à cause de l'Hôpital de Jacques Moyen dont elle avoit pris la place ; mais elle n'étoit point assez grande pour le nombre des Paroissiens ; l'acquisition de l'Hôtel de Gaillon les mit à portée de commencer celle que nous voyons aujourd'hui : la premiere pierre en fut posée par le Roi & la Reine-Mère le 28 Mars 1653 ; elle n'a été entiérement finie qu'en 1740, & la dédicace se fit le 10 Juillet de la même année. Cette Eglise est décorée avec autant de goût que de magnificence : le Curé & les Marguilliers n'ont rien négligé pour tout ce qui pouvoit y contribuer, & ils peuvent dire avec raison, comme David disoit à Dieu : *Domine, dilexi decorem domus tuæ, & locum habitationis gloriæ tuæ* (&).

LE COUVENT DES JACOBINS. L'Ordre des Frères Prêcheurs, institué au commencement du XIIIe siécle, avoit fait des progrès considérables en France, où il avoit pris naissance : il ne s'étoit pas écarté des régles que lui avoit prescrit S. Dominique, son fondateur ; mais les malheurs des temps l'avoient insensiblement porté à en adoucir l'austérité. Le Père Sébastien Michaëlis forma le

(y) Hist. de Paris, tom. 5, p. 820.

(z) Corrozet. Supplém. fol. 119.

(&) Ps. 25.

dessein de faire revivre l'ancienne ferveur, & de rétablir la Régle dans toute la rigueur dont l'Instituteur avoit donné l'exemple. Cette réforme fut reçue dans plusieurs Maisons du Languedoc & de la Provence. Le Chapitre général de cet Ordre, qui se tint à Paris en 1611, & auquel le P. Michaëlis fut député, lui parut une occasion bien propre pour y faire accepter sa réforme, & l'introduire dans la Capitale & les autres Provinces du Royaume : mais les meilleurs desseins n'ont pas toujours leur exécution, & les Jacobins de Paris (quoique l'Auteur du *Calendrier historique* (a) dise le contraire) formèrent à cette innovation des oppositions fondées sur des motifs qui ne permirent pas au Chapitre général de l'adopter. Ce refus, que le P. Michaëlis n'avoit ni appréhendé, ni prévu, parce que le zèle ne connoît point d'obstacles, & qu'il s'irrite par les difficultés, ne rallentit pas celui dont il étoit animé; il demanda au Roi & à la Reine Régente la permission de faire bâtir à Paris un Couvent de FF. Prêcheurs de sa réforme, ce qui lui fut accordé par Lettres-Patentes du mois de Septembre de la même année 1611, enregistrées le 23 Mars 1613. Henri de Gondi, Evêque de Paris, ne se contenta pas de consentir, par ses Lettres du 8 Avril 1612, à cet établissement; il mérita d'en être regardé comme le principal fondateur, par le don qu'il fit à ces Religieux d'une somme de 50 mille liv. Ce fut avec ce secours, & au moyen des libéralités du sieur du Tillet de la Buissière & de quelques autres personnes, qu'ils achetèrent un enclos de 10 ar-

(a) Pag. 262.

pents, où ils ont fait construire l'Eglise & le Couvent que nous voyons aujourd'hui : l'Eglise a été dédiée sous le titre de l'Annonciation de la Ste Vierge. Les Curieux y admirent le Tombeau que Madame la Comtesse de Feuquières y a fait élever à son père, le célèbre Mignard, premier Peintre de Louis XIV. La Maison des Jacobins a vu fleurir dans son sein plusieurs Religieux qui n'ont pas fait moins d'honneur à la Religion par leurs vertus, qu'aux Sciences & aux Belles-Lettres par leurs talents.

LA PLACE DE LOUIS LE GRAND. Elle est encore connue sous le nom de *Place des Conquêtes*, qui est le premier qu'elle ait porté, & sous celui de *Place de Vendôme*, parce qu'elle a été construite sur l'emplacement qu'occupoit l'Hôtel de ce nom. Charles IX ayant projeté de renfermer les Tuileries dans une nouvelle enceinte, chacun s'empressa de bâtir dans le Fauxbourg S. Honoré, c'est-à-dire, depuis les Quinze-Vingts. A l'endroit qu'occupe la Place de Louis le Grand, les Ducs de Rets avoient fait édifier un Hôtel assez vaste, accompagné de jardins : Charles IX y a logé en 1566 & en 1574 (*b*). Il passa en 1603 à Madame de Maignelai, sœur de Pierre de Gondi, Evêque de Paris, qui le revendit le même jour à la Duchesse de Mercœur. Soit que cet Hôtel fût dès-lors partagé en deux parties, comme il l'a été depuis, soit qu'il fût occupé par M. de Gondi Sieur du Perron *, il portoit son nom lors de cette acqui-

(*b*) Sauval, t. 2, p. 289.

* Voy. Journ. d'Henri III, t. 2, p. 376.

sition. Cette Princesse acheta beaucoup de Terres voisines, & fit abattre cet Hôtel dans le dessein d'en construire un plus considérable, & de faire bâtir une Eglise & un Couvent pour loger les Capucines nouvellement instituées ; elle en posa la première pierre le 29 Juin 1604 : les bâtiments furent construits avec tant de promptitude, que le 18 Juin 1606 l'Eglise fut dédiée, & les Religieuses y furent établies deux mois après. L'Hôtel de Mercœur passa ensuite dans la Maison de Vendôme (dont il prit le nom) par le mariage de Françoise de Lorraine, fille unique du Duc de Mercœur, avec César Duc de Vendôme, fils légitimé d'Henri IV.

M. de Louvois, Surintendant des Bâtiments, ayant inspiré au Roi le dessein de faire construire une Place dans le Quartier S. Honoré, qui ouvriroit une communication entre la rue neuve S. Honoré & la rue neuve des Petits-Champs, proposa à Sa Majesté, pour l'exécution de ce projet, le vaste emplacement qu'occupoit l'Hôtel de Vendôme : l'acquisition en fut faite par contrat du 4 Juillet 1685, moyennant 660 mille livres, & adjugée par decret le 22 Août 1687. Le plan de cette nouvelle Place devoit former un quarré de 78 toises de large sur 86 toises de longueur ; elle ne devoit avoir que trois faces, l'entrée du côté de la rue S. Honoré restant ouverte dans toute sa largeur. Le Couvent des Capucines nuisoit à l'exécution de ce projet, on jugea donc convenable de leur faire bâtir, dans la rue neuve des Petits-Champs, l'Eglise & le Couvent que nous y voyons aujourd'hui, & elles y furent transférées en 1689. On éleva successivement les trois façades conformément au Plan : les bâtiments qu'on devoit construire étoient destinés pour placer la Bibliothéque du Roi & les différentes Académies, & pour les Hôtels de la Monnoie & des Ambassadeurs extraordinaires. La mort de M. de Louvois, arrivée le 16 Juillet 1691, fit suspendre l'exécution de ce grand projet ; on en abandonna le plan & la destination : le feu Roi, par sa Déclaration du 7 Avril 1699, dûement enregistrée, abandonna à la Ville les emplacements acquis en 1685, & tous les matériaux employés & à employer, avec la faculté de les vendre, à la charge de faire construire au même endroit une Place conforme au nouveau Plan arrêté, & en outre, de faire construire à ses frais, au Fauxbourg S. Antoine, un Hôtel pour la seconde Compagnie des Mousquetaires. La Ville accepta ces conditions, & rétroceda tous ses droits, le 14 Mai suivant, au sieur Masneuf, moyennant 620 mille livres, à la charge par lui de faire démolir ce qui avoit été fait jusqu'alors, de faire reconstruire les huit façades que nous y voyons, & de les élever à leur perfection dans le 1 Octobre 1701 pour toute préfixion & délai ; ce qui a été exécuté.

Dès le 1 Décembre 1692, Jean-Balthazar Keller avoit jeté en fonte la statue équestre du Roi Louis XIV : elle fut posée avec la plus grande pompe au milieu de cette Place le Jeudi 13 Août 1699.

Je ne parle pas des différents Hôtels qui forment cette Place, & qui ont tous été bâtis dans les premières années de ce siécle sur les dessins des meilleurs Architectes ; je dois seulement observer que celui que le sieur Luillier fit bâtir en 1702, & celui du sieur Villemarai qui étoit contigu, furent acquis par le Roi en 1717, & destinés pour servir de demeure au Chancelier de France.

LE COUVENT DES FEUILLANS. Il est situé en face de la Place de Louis le Grand. Jean de la Barrière étoit Abbé Commendataire de l'Abbaye de Notre-Dame de Feuillans, Diocèse de Rieux, dépendante de l'Ordre de Cîteaux. L'amour de la pénitence, & le desir de faire revivre l'ancienne observance de la Régle de S. Benoît, le portèrent à prendre l'habit religieux, & à faire profession dans cet Ordre le 2 Mai 1573 : il s'occupa, dès ce moment, du projet de réforme qu'il avoit médité. Malgré les austérités inconcevables qu'il pratiquoit, son exemple lui procura un nombre considérable de disciples, dont il fut béni Abbé régulier dans l'Eglise de la Dorade à Toulouse, en 1577. Le bruit & le succès de cette réforme, commencée le 14 Septembre de la même année, ne tardèrent pas à se répandre ; ils excitèrent la curiosité d'Henri III : naturellement disposé pour tout ce qui portoit un caractère de singularité, ce Prince, dont la dévotion & la conscience ont paru plus timides qu'éclairées, & qui croyoit pouvoir allier la pénitence & les plaisirs, voulut voir Dom Jean de la Barrière ; il lui écrivit lui-même le 20 Mai 1583, & lui ordonna de venir à Paris. Ce saint Abbé obéit, & arriva au mois de Juillet suivant. Le talent particulier qu'il avoit pour la Chaire, le succès de ses prédications, & sa vie édifiante, ne firent que confirmer & accroître l'idée avantageuse qu'on avoit de son mérite. Le Roi le combla d'éloges & de bontés, & ne lui permit de retourner à Feuillans qu'à condition qu'il reviendroit à Paris, où il se proposoit de lui faire bâtir un Monastère. Les ordres donnés à cet effet ne furent exécutés qu'en 1587. Dom Jean de la Barrière revint alors à Paris avec soixante-deux Religieux de sa réforme, & y arriva le 9 Juillet de cette même année. Le Roi les reçut à Vincennes, où il étoit alors, & les y logea jusqu'au 7 Septembre suivant, qu'ils prirent possession de l'Eglise & du Couvent qu'il leur avoit fait bâtir au Fauxbourg S. Honoré, & qu'ils habitent aujourd'hui. Ainsi le P. Héliot (*c*) s'est trompé en ne les faisant arriver à Paris que le 11 Juillet 1588; & l'Abbé Lebeuf (*d*) ainsi que ses Copistes ont manqué d'exactitude en plaçant cet établissement en 1577, époque qui ne convient qu'à celui de la réforme qu'ils ont embrassée.

Cette nouvelle Congrégation fut approuvée par le Pape Sixte V le 5 Mai 1586, & érigée en titre par sa Bulle du 13 Novembre 1587, sous le nom de *Congrégation de Notre-Dame de Feuillans* : elle fut distraite de la jurisdiction de l'Abbé de Cîteaux, par Clément VIII, le 4 Septembre 1592. Ce souverain Pontife modéra les austérités presqu'incroyables de cette réforme, par sa Bulle du 8 Novembre 1595. Enfin cette Congrégation s'étant considérablement augmentée en Italie, Urbain VIII jugea à propos, en 1630, de diviser les François & les Italiens en deux Congrégations, gouvernées chacune par un Général de leur Nation : celui de France est Abbé né de Feuillans, & s'élit tous les trois ans dans le Chapitre géné-

---

(*c*) Hist. des Ordres Monast. l. 5, p. 405.

(*d*) Tom. 1, p. 124.

ral, qui peut le continuer pendant trois autres années seulement. Dom Félibien (e) dit que ce Général fait sa résidence six mois à Feuillans & six mois à Paris ; cela n'est pas exact : il peut aller dans les Maisons de son Ordre, & y séjourner, mais il est obligé à dix-huit mois de résidence à Feuillans pendant les trois années de son Généralat : cet usage s'observe très-exactement.

Henri IV ne fut pas moins favorable aux Feuillans que l'avoit été son prédécesseur : par ses Lettres-Patentes du mois de Mars 1597, enregistrées le 22 Avril suivant, & par celles du 25 Août 1598, non-seulement il les confirma dans la propriété de tout ce qui leur avoit été donné par Henri III, mais il se déclara leur fondateur conjointement avec lui, & leur accorda tous les priviléges & toutes les prérogatives dont jouissent les Maisons de fondation Royale.

L'Eglise & le Monastère des Feuillans commencèrent à être rebâtis en 1601, au moyen des libéralités du Roi & des dons qui leur furent faits à l'occasion du Jubilé, M. de Gondi, Evêque de Paris, ayant indiqué dans cette vue une Station dans leur Eglise : le Roi y mit la première pierre le 27 Mars 1601 ; elle fut finie & dédiée le 5 Août 1608, par le Cardinal de Sourdis, Archevêque de Bordeaux, sous l'invocation de S. Bernard. Le Portail, commencé au mois de Février 1623, fut achevé l'année suivante, & en 1676, on a élevé celui qui fait face à la Place de Louis le Grand. Le passage qui communique aux Tuileries a été ouvert pendant la minorité du Roi,

---

(e) Hist. de Paris, t. 2, p. 1160.

pour faciliter à Sa Majesté le moyen de venir à l'Office aux Feuillans. On y voit une Chapelle qu'on appelle *la Grotte* : elle doit son existence en partie à la libéralité de Gaston de France, frère de Louis XIII, qui en posa la première pierre en 1621.

Cette Maison, la plus considérable de cette Congrégation, s'est particuliérement illustrée par le grand nombre de bons Prédicateurs qu'elle a fournis jusqu'ici à la Cour, à la Capitale, & aux Provinces.

Le Couvent des Capucins. Une réforme projetée au commencement du XVIe siécle dans l'Ordre de S. François, a donné lieu à celui des Capucins. Le Père Zacharie de Boverio, qui nous en a donné les *Annales*, ne pensoit pas sans doute que la splendeur & le mérite d'un Ordre Religieux sont indépendants de son origine, & que ses vertus & son utilité sont sa véritable gloire. Je laisse à l'écart le merveilleux & l'enthousiasme où il s'est livré, & je me contente d'observer qu'en 1525, Matthieu de Baschi, Religieux de S. François, fut le premier qui, non content de pratiquer sa Régle dans toute son austérité, crut devoir y ramener ses confrères par ses exemples, & se distinguer par la singularité de l'habillement. Ils portoient un capuce ou capuchon pointu, qui a fait donner le nom de *Capucins* à ceux qui ont embrassé cette nouvelle Observance. Il eut bientôt des imitateurs : ils obtinrent de Clément VII, le 13 Juillet 1528, une Bulle qui leur permettoit de porter la barbe longue, de mener la vie hérémitique, & de recevoir ceux qui voudroient s'associer à leur pauvreté & à leur pénitence. Ce nouvel Ordre, adopté dans l'Egliſe ſous le nom de *Frères Mineurs Capucins*, s'accrut bientôt; mais il n'avoit pas la permiſſion de s'étendre au-delà de l'Italie. Il prit une forme régulière en l'année 1529, où le Chapitre général fut aſſemblé: on y fit des Conſtitutions qui furent approuvées, ainſi que l'Ordre, par une Bulle de Paul III du 25 Août 1536. Il leur donna un Vicaire général; mais, en 1619, Paul V lui donna le titre de *Général*, & le rendit indépendant de celui des Frères Mineurs.

Il paroît que Paul III ne leur avoit pas donné la permiſſion de s'établir par tout, comme le dit M. Hermant (*f*); car le Cardinal Charles de Lorraine, qui avoit connu ces Religieux au Concile de Trente, & qui en avoit fait venir quatre qu'il logea dans ſon parc de Meudon, ſollicita en leur faveur une Bulle pour autoriſer leur établiſſement en France. Nos Hiſtoriens (*g*) diſent qu'ils s'en retournèrent en Italie après la mort de ce Cardinal, dont M. Piganiol (*h*) fixe, par erreur, l'époque en 1564, quoiqu'il ne ſoit décédé que le 26 Décembre 1574. On voit même qu'avant ſa mort ſon objet étoit rempli; car dès 1572 le Père Pierre Deſchamps, Cordelier François, avoit embraſſé la réforme des Capucins; & comme il voyoit pluſieurs perſonnes diſpoſées à prendre cet état, il avoit eu recours au Pape Grégoire XIII, qui, par ſa Bulle du 10 Mai 1574, lui permit de s'établir en France: Charles IX lui avoit accordé la même grace. Le zèle & la nouveauté lui avoient déja

(*f*) Hiſt. des Ordres Relig. t. 2, p. 420.

(*g*) Hiſt. de Paris, tom. 2, p. 1132.

(*h*) Tom. 3, p. 9.

déja procuré des compagnons, qui se logèrent avec lui à Picpus. Les Registres du Parlement, au 11 Juillet 1574, nous apprennent qu'il y avoit 11 de ces Religieux qui assistèrent au Convoi du Roi Charles IX, décédé à Vincennes le 30 Mai précédent. Ce nombre s'étant augmenté, le Général de l'Ordre envoya un Commissaire général pour la France, avec 12 Religieux. Catherine de Médicis, qui les protégeoit, ne se contenta pas de leur procurer l'emplacement de leur Eglise & de leur Couvent, elle fit confirmer ce don & tous ceux qui leur avoient été faits, par Lettres-Patentes du mois de Juillet 1576, enregistrées le 6 Septembre suivant : ainsi ils s'établirent cette même année au lieu où ils sont aujourd'hui. Henri IV leur accorda aussi, le 19 Octobre 1600, des Lettres-Patentes, enregistrées le 5 Mai de l'année suivante, par lesquelles il confirme leur établissement, & les prend en sa protection & sauvegarde spéciale. L'Abbé Lebeuf (*i*) dit que les Capucins furent établis vers 1515; & l'Auteur des *Tablettes Parisiennes*, en adoptant cette date, n'a pas fait attention qu'elle ne convient ni à l'origine de la réforme de l'Ordre, qui ne commença que dix ans après cette époque, ni à celle de son établissement en France, qui est postérieur de cinquante années. Sauval (*k*) n'est pas plus exact, quand il dit que leur première Maison fut fondée & bâtie à Meudon, en 1585, par le Cardinal de Lorraine (mort en 1574); que quelques-uns furent installés en même temps à Picpus (en 1572), & qu'Henri III leur fit bâtir, *vers l'an*

(*i*) Tom. 1, p. 124.

(*k*) Tom. 1, p. 623.

1603, leur Couvent près les Tuileries, sans se ressouvenir que ce Prince étoit mort à S. Cloud le 1 Août 1589.

J'ai trouvé dans un Mémoire manuscrit, que la Chapelle des Capucins fut dédiée le 28 Novembre 1575. Elle fut sans doute rebâtie, puisqu'on a un autre Acte de dédicace en 1583 (*l*), sous le même titre de l'Assomption de la sainte Vierge : comme elle n'étoit pas assez vaste, on en rebâtit en 1603 une nouvelle, qui fut finie en 1610, & dédiée le 1 Novembre de la même année. On reconstruisit aussi, en 1603, les bâtiments du Couvent, & c'est sans doute ce qui a fait dire à la Caille que les Capucins furent établis cette année : ils furent renouvellés en 1722. Leur simplicité répond beaucoup mieux que tous les raisonnements, à ce que Germain Brice (*m*) avance à ce sujet. En 1731, on a rebâti le mur & le Portail qui sont sur la rue S. Honoré, & en 1735, le Chœur de l'Eglise.

Cette Maison, la plus considérable de cet Ordre en France, a produit un grand nombre de Sujets distingués par leur naissance ou par leurs talents, & la postérité ne desavouera pas les éloges que nos Historiens en ont faits : mais la véritable source de la considération qu'on ne peut leur refuser sans injustice, ne vient point du hazard ; ces Religieux la doivent à la régularité avec laquelle ils remplissent les devoirs d'un état austère, à leur zèle infatigable dans les fonctions les plus pénibles du saint Ministère, & à leur charité, qui ne s'effraie point du danger dès qu'il s'agit de se rendre utiles.

(*l*) Lebeuf, t. 1, p. 124.

(*m*) Tom. 1, p. 302 & suiv.

Les Religieuses de l'Assomption. Je remets à parler de l'origine de ces Religieuſes, quand je traiterai de la Chapelle des *Haudriettes* (Quartier de la Grêve). Celles qui formoient cette Maiſon religieuſe & hoſpitalière avoient fait quelques changements dans leur Inſtitut, elles avoient ſollicité elles-mêmes leur réforme; mais le Cardinal du Perron, Grand-Aumônier de France, &, en cette qualité, Supérieur de la Maiſon des Haudriettes, n'ayant pu conſommer cet ouvrage, la gloire en fut réſervée au Cardinal de la Rochefoucauld, ſon ſucceſſeur. Il n'y a certainement rien d'exact dans tout ce que nos Hiſtoriens (*n*) ont écrit à ce ſujet; ils ont malheureuſement adopté ſans examen le récit de Sauval (*o*), dans lequel il ne s'eſt pas moins écarté de la bienſéance que de la vérité. Il ne devoit pas ignorer que la mémoire du Cardinal de la Rochefoucauld méritoit d'être reſpectée, & que ce Prélat devoit moins la conſidération publique dont il a joui, à l'éclat de ſa naiſſance & de la Pourpre Romaine, qu'à celui de ſes vertus. Je ne rappellerai pas toutes les erreurs de Sauval, elles ennuyeroient mes Lecteurs; je me borne à leur préſenter les faits tels qu'ils ſont conſtatés par des Actes publics, & des Titres qui ſont à l'abri de toute critique.

Il y avoit plus de deux-cents ans que la Maiſon fondée par Etienne Haudri, pour de pauvres filles ou veuves, étoit devenue une Communauté régulière, aſſujettie aux loix & aux obſervances auxquelles ſont ſoumiſes les Maiſons religieuſes,

(*n*) Pigan. t. 3, p. 17.

(*o*) Tom. 1, p. 603 & ſuiv.

lorsque les Haudriettes voulant perfectionner leurs anciennes Constitutions, en demandèrent de plus conformes à l'état qu'elles avoient embrassé : ce fut à leur sollicitation que le Cardinal de la Rochefoucauld fit à ces Constitutions les changements que les circonstances exigeoient. Les Religieuses y souscrivirent avec docilité, & s'y engagèrent par des vœux solemnels le 27 Novembre 1620. La position de leur Maison dans un endroit mal-sain, trop voisin de la rivière, exposé souvent aux inondations, peu propre d'ailleurs aux exercices de la vie religieuse, leur fit desirer d'être transférées dans un lieu plus convenable : ce fait est constaté par leur Requête du 20 Juillet 1622. On n'en trouva point qui fût plus commode, pour l'exécution de ce dessein, que la maison même que le Cardinal de la Rochefoucauld occupoit au Fauxbourg S. Honoré. C'est ce choix qui a fait hazarder à Sauval & à ses Copistes une opinion injurieuse à la mémoire de ce Cardinal, en lui prêtant des motifs d'intérêt dont il ne fut jamais animé : pour s'en convaincre, il me suffit d'observer que dès le 2 Août 1605, il avoit vendu cet Hôtel aux Jésuites, & que ce fut d'eux que les Religieuses de l'Assomption l'acquirent par contrat du 3 Février 1623. Il y avoit alors environ cinq mois qu'elles y demeuroient, puisqu'elles y furent transférées le 6 Septembre 1622, & non le 7, comme le dit le P. Hélyot (*p*), ni le 20 Novembre, comme l'avance Sauval (*q*). Elles y firent aussi-tôt construire & distribuer les logements

---

(*p*) Hist. des Ordres Relig. t. 3, p. 195.

(*q*) Tom. 1, p. 656.

d'une manière convenable à une Communauté.

Suivant les nouvelles Conſtitutions, qui, comme je l'ai dit, n'avoient fait que perfectionner les anciennes, ces Religieuſes avoient embraſſé la Régle de S. Auguſtin. Ces changements furent autoriſés par les deux Puiſſances, & confirmés par une Bulle de Grégoire XV, du 5 Décembre 1622, enregiſtrée au Parlement le 9 Juin 1657, & à la Chambre des Comptes le 7 Novembre 1658.

Il eſt encore certain que toutes les Haudriettes avoient embraſſé cette réforme, qu'il n'y en avoit que ſept en 1620, & qu'alors il n'y avoit ni filles ni veuves dans leur Maiſon. Quelle confiance méritent donc les récits de Sauval & de Piganiol? ſur quoi ce dernier a-t-il pu ſe fonder pour avancer que *les Religieuſes reſtées à la Maiſon des Haudriettes formèrent des oppoſitions tant à la Bulle, qu'aux Lettres-Patentes du Roi; qu'elles obtinrent même au Grand-Conſeil un Arrêt du 13 Décembre* 1624, *qui ordonna qu'elles ſeroient rétablies dans leur Hôpital, & qu'elles rentreroient en poſſeſſion de tous leurs biens & revenus*? Les Hiſtoriens s'égarent facilement dès qu'ils s'écartent de la vérité. Six Religieuſes Haudriettes furent, de leur aveu, tranſférées au Fauxbourg S. Honoré; la ſeptiéme, pour des raiſons particulières, fut envoyée dans une autre Maiſon, & revint enſuite à Paris au Couvent de l'Aſſomption, où elle eſt décédée: le titre de *l'Hôpital d'Etienne Haudri* fut éteint & ſupprimé, les revenus furent unis au Monaſtère de l'Aſſomption; & les emplacements deſtinés à des uſages profanes, à l'exception de la Chapelle. Quelles furent donc les Religieuſes qui y reſtèrent? ſi elles continuèrent d'y demeurer, comment purent-elles demander & obtenir d'y être rétablies ? demande-t-on la jouissance de ce qu'on posséde ? en le supposant même, pouvoient-elles réclamer des revenus sur lesquels les Religieuses de l'Assomption n'avoient pas moins de droit qu'elles ?

Je conviens que l'état des Religieuses de l'Assomption ne fut pas d'abord tranquille : malgré l'appui de l'Autel & du Thrône, la cupidité leur suscita des contestations, dont les motifs eussent été plus excusables, s'ils n'avoient eu pour principe que la charité ; mais elle ne détruit pas son ouvrage, elle ne retire pas ses bienfaits des uns pour les verser sur les autres, elle voit d'un même œil les malheureux qu'elle console & qu'elle soutient : si elle cessoit d'être juste, elle ne seroit plus une vertu. Ce fut cependant sous ce voile si cher à la Religion & si précieux à l'humanité, que s'élevèrent les contestations dont je viens de parler. Il est peu d'établissements pieux qui ne soient traversés par les obstacles, ou suspendus par les contradictions : les Religieuses de l'Assomption l'éprouvèrent. Ce furent quelques pauvres filles, lesquelles cachoient, dans les Fauxbourgs S. Marcel & S. Antoine, leur paresse & leur misère, qui, sous le nom d'*Haudriettes*, se pourvurent au Grand-Conseil, où elles obtinrent l'Arrêt du 13 Décembre 1624. La vérité peut-être obscurcie par des nuages, mais ce n'est que pour un temps ; ils se dissipent, & elle reparoît dans tout son éclat. Non-seulement on défendit, par provision, de poursuivre l'exécution de cet Arrêt, mais il fut cassé par un Arrêt du Conseil d'Etat, du 19 du même mois, suivi d'un second du 11 Avril 1625, qui confirma les changements faits par M. le Cardinal de la Rochefoucauld, & ordonna l'enregiſtrement au Grand-Conſeil, de la Bulle, des Lettres-Patentes, & des Statuts faits pour la réforme.

Je n'ai pu éclaircir ce que Sauval (*r*) a voulu dire, en parlant des Religieuſes de l'Aſſomption, qui furent excluës de leurs prétentions féodales par Sentence du Thréſor en 1584 : il ajoute que *ce fut en leur nom ſeulement, & pluſieurs années avant leur union avec les Haudriettes.* Cette aſſertion ne peut ſe concilier avec ce que je viens de rapporter.

La Chapelle des Religieuſes de l'Aſſomption n'étoit point aſſez grande pour une Communauté nombreuſe, elles achetèrent l'Hôtel de M. des Noyers, & firent bâtir ſur l'emplacement la maiſon voiſine de la leur, occupée aujourd'hui par M. de Breteuil, & leur Egliſe : le dôme fut commencé en 1670. Six ans après, elle fut finie, & bénite le 14 Août 1676 par M. Poncet, Archevêque de Bourges.

Nos Hiſtoriens avancent que l'Hôtel du Cardinal de la Rochefoucauld appartenoit auparavant à Henri de Joyeuſe, Duc, Pair & Maréchal de France, connu dans notre Hiſtoire ſous le nom du Père Ange de Joyeuſe, Capucin. Cela n'eſt pas tout-à-fait exact ; il n'y en a qu'une petite partie renfermée dans le Monaſtère de l'Aſſomption, & que les Religieuſes acquirent de Madame de Maignelai ; le reſte forme l'Hôtel voiſin, qu'elle occupoit, & la partie plantée d'arbres du Jardin des Capucins. M. de Joyeuſe prit l'Habit de S. François le 4 Septembre 1587 ; l'année ſuivante, il

(*r*) Tom. 2, p. 424.

légua une portion de ſon Hôtel aux Minimes de Chaillot, à la charge de différentes fondations; il changea enſuite de diſpoſition, & le donna en entier aux Minimes de la Province de France, ſous la condition de faire bâtir un Couvent de leur Ordre dans ce Fauxbourg, & d'y entretenir un Maître-d'Ecole pour l'inſtruction des enfants de ce Quartier. Il ſurvint ſans doute des difficultés pour l'exécution de ce projet, car j'ai vu, par un contrat paſſé devant la Garde & Cothereau, Notaires à Paris, le 12 Août 1599, qu'à la place de cette fondation, l'on avoit fait celle d'une Ecole de Philoſophie & de Théologie dans le Couvent des Minimes de Nigeon, près Paſſy.

LES FILLES DE LA CONCEPTION. L'Auteur du *Calendrier hiſtorique* (s) & de la *Deſcription des Egliſes de Paris* s'eſt trompé dans tout ce qu'il a dit touchant ce Monaſtère. Il avance que ce ſont des *Bénédictines*, & qu'en 1688 elles ſont venues occuper le Couvent des Capucines, qui furent transférées cette même année dans la rue des Petits-Champs.

La proximité de ces deux Couvents a pu les faire confondre par ceux qui ne ſe ſont pas attachés à la topographie de Paris : cette erreur ne peut être regardée que comme une négligence excuſable dans l'*Abrégé Chronologique de l'Hiſtoire de France*, mais l'Auteur que j'ai cité ci-deſſus n'a pas acquis le droit de prétendre à la même indulgence; il auroit dû ſavoir que ce ne ſont point des Bénédictines, mais des Religieuſes du Tiers-

(s) Pag. 93 & 431. — Deſcr. p. 87 & 88.

Ordre ; qu'elles n'ont point ſuccédé en 1688 aux Capucines, dont le Monaſtère fut détruit pour former la Place de Vendôme ; qu'elles ont été établies non en 1634, comme le dit G. Brice (*t*), mais l'année ſuivante ; & que leur Couvent & celui des Capucines ont ſubſiſté plus de cinquante ans dans le même endroit, diſtincts & ſéparés l'un de l'autre. Je ne ſais pourquoi Dom Félibien n'a preſque rien dit de ces Religieuſes ; il n'en parle que ſuperficiellement (*u*) à l'article des Filles de Ste Elizabeth, & les Hiſtoriens qui l'ont ſuivi n'en diſent guère davantage.

Le Tiers-Ordre de S. François, dont j'aurai occaſion de parler ailleurs, avoit formé différents établiſſements. Madame Anne Petau, veuve de René Regnaut de Traverſé, Conſeiller au Parlement de Paris, conçut le pieux deſſein de lui en procurer un dans cette Capitale : elle donna, pour cet effet, au Couvent de Toulouſe une ſomme de 40 mille livres, par contrat du 3 Février 1635, homologué par M. l'Archevêque le 16 du même mois ; &, de ſon conſentement, les Religieuſes de Toulouſe, au nombre de treize, vinrent prendre, au mois de Septembre ſuivant, poſſeſſion de la Maiſon qu'on leur avoit deſtinée, & qu'elles occupent aujourd'hui. Dès le mois de Février de la même année, elles avoient obtenu des Lettres-Patentes qui permettoient cet établiſſement, & une Bulle d'Urbain VIII du 28 Juillet ſuivant. Elles éprouvèrent quelques obſtacles de la part des Religieuſes de ſainte Elizabeth, qui ſont du même Ordre ; mais les difficultés furent preſque

(*t*) Tom. 1, p. 319.

(*u*) Tom. 2, p. 1254.

aussi-tôt terminées par une Transaction du 24 Juillet, en conséquence de laquelle les Lettres-Patentes furent enregistrées le 4 Août de la même année 1635.

La Maison que ces Religieuses occupoient, appartenoit à M. François-Théodore de Nesmond, Président au Parlement de Paris, lequel y avoit placé sa fille en qualité de Pensionnaire. Il consentit, par acte sous seing privé du 7 Mai 1637, que les Filles de la Conception jouissent de cette Maison, avec la faculté d'y faire construire une Eglise, des dortoirs & autres bâtiments convenables, leur en faisant donation pour servir de dot à la Demoiselle de Nesmond sa fille; & que dans le cas où ladite Demoiselle n'y feroit pas profession, lesdites Religieuses seroient tenues de payer une somme de 24 mille livres pour la valeur de ladite maison, laquelle somme seroit réduite à la moitié, si Madame la Présidente de Nesmond continuoit d'avoir une entrée libre dans ce Couvent.

Les dépenses inévitables que ces Religieuses avoient été successivement obligées de faire, & qui étoient de beaucoup supérieures à leurs revenus, ne leur auroient pas permis de se soutenir, sans la protection de M. d'Argenson, qui représenta au Roi leurs dettes & leurs besoins. Sa Majesté, par Arrêt de son Conseil du 29 Mars 1713, leur accorda une Loterie d'un million 80 mille livres, dont le bénéfice a suffi pour rétablir leurs affaires.

A l'extrémité de la rue S. Honoré étoit la Porte du même nom. La Ville de Paris s'étant successivement accrue, on en recula l'enceinte. La Porte S. Honoré se trouvoit encore, sous le régne de

Charles IX, située vis-à vis la Boucherie des Quinze-Vingts : ce Prince avoit projeté de renfermer les Tuileries dans la Ville, & de l'environner d'une fortification régulière, qui fut commencée au bastion de la Conférence, & que les troubles qui agitèrent l'Etat sous les deux régnes suivants ne permirent pas de continuer. Louis XIII reprit ce dessein, suivant lequel la nouvelle Porte S. Honoré fut commencée en 1631 & finie en 1634. On ordonna en 1732 de la supprimer, & l'on commença la démolition le 15 Juin de l'année suivante.

Rue du Fauxbourg S. Honoré. Elle commence au Boulevard, & finit à la Barrière du Roule. J'ai déja observé que depuis l'ancienne Porte S. Honoré, située près les Quinze-Vingts, on donnoit à la rue S. Honoré le nom de *la grand rue S. Louis*, & qu'ensuite on l'a nommée *la rue neuve S. Honoré*. Quant à celle dont il s'agit, on l'appeloit, en 1635, *la Chaussée du Roule*, parce qu'elle y conduit. Elle est remarquable par le grand nombre d'Hôtels qui s'y trouvent, & particuliérement par celui que Sa Majesté a destiné pour les Ambassadeurs extraordinaires. M. le Comte d'Evreux l'avoit fait bâtir, & Madame la Marquise de Pompadour, qui l'avoit acquis, y avoit fait faire plusieurs augmentations, & en avoit fait agrandir & embellir les Jardins.

Rue S. Louis. Elle donne d'un bout dans la rue S. Honoré, de l'autre dans celle de l'Echelle, & doit sans doute ce nom au voisinage de l'Hôpital des Quinze-Vingts, fondé par S. Louis, ou à la rue S. Honoré, qui, comme je l'ai dit, s'appeloit en cet endroit la grand rue S. Louis. Il paroît, par les Plans de Gomboust & de Bullet, qu'on la nommoit rue *de l'Echaudé*; avant eux, elle s'appeloit *rue S. Louis*, & a repris ce nom qu'elle a toujours conſervé depuis : celui *de l'Echaudé* ſe donnoit à une maſſe ou iſle de maiſons de figure triangulaire, & l'on appeloit indifféremment *rue de l'Echaudé* celle qui faiſoit la baſe ou un des côtés de ce triangle. J'ai auſſi trouvé cette rue indiquée ſous le nom de S. Louis, autrement *des Tuileries*, dans un Cenſier de l'Archevêché de 1663. On donnoit le nom de rue des Tuileries au paſſage des Ecuries & au chemin qui ſe trouvoit entre le Palais & le Jardin des Tuileries, & qui forme aujourd'hui la grande terraſſe.

RUE NEUVE DE LUXEMBOURG. Elle donne d'un bout dans la rue S. Honoré, de l'autre ſur le Boulevard, & doit ſon nom à un Hôtel qu'avoit fait bâtir M. le Maréchal de Luxembourg ſur partie de l'ancien emplacement des Capucines : ce terrein lui avoit été adjugé par Arrêt de la Cour des Aides du 6 Juillet 1673. M. le Duc de Pinei-Luxembourg le vendit au ſieur Guillaume Leduc, Architecte, le 7 Juillet 1719, & non le 4 Avril, comme le dit M. Piganiol (*x*). On voit, par le contrat paſſé chez M. Bapteſte, Notaire, que cet Hôtel contenoit quatre maiſons, cours, jardins, & trois arpents & demi, allant juſqu'au Boulevard; qu'il fut convenu qu'on perceroit une rue ſur ſon emplacement, & que le prix de la vente fut de 484525 liv.

(*x*) Tom. 3, p. 24[illegible]

RUE DE LA MAGDELEINE. Elle commence à la rue du Fauxbourg S. Honoré, & aboutit à celle de l'Arcade & à l'Eglise Paroissiale, dont elle a pris le nom, & dont je parlerai à l'article de la rue de la Ville-l'Evêque. Ce territoire, sur lequel elle est située, l'a quelquefois fait appeler rue *l'Evêque*; & comme ce chemin se prolongeoit autrefois jusqu'à la rivière, on l'appeloit en cet endroit rue *de l'Abreuvoir-l'Evêque*: elle est ainsi indiquée dans les Procès-verbaux de 1637 & 1642.

LES BÉNÉDICTINES DE LA VILLE-L'EVÊQUE. Elles doivent leur établissement à Dames Catherine d'Orléans-Longueville & Marguerite d'Orléans-d'Estouteville sa sœur. Ces deux Princesses avoient obtenu du Roi, au mois d'Août 1612, la permission de fonder un Monastère de filles: elles destinèrent à l'exécution de ce dessein deux maisons avec jardins qu'elles avoient acquises à la Ville-l'Evêque, & les ayant mises en état de recevoir une Communauté, elles s'adressèrent à l'Abbesse de Montmartre, qui, après avoir passé le 2 Avril 1613 le contrat de fondation, y envoya dix Religieuses qui entrèrent le 12 du même mois. Ce Monastère fut érigé en Prieuré dépendant de l'Abbaye de Montmartre, ce qui le fit appeler *le petit Montmartre*, quoique son vrai nom soit celui de *Notre-Dame de Grace*. Cette Maison fut le berceau de la réforme que Marguerite de Veiny d'Arbouze, depuis Abbesse & Réformatrice du Val-de-Grace, y fit recevoir en 1615, en engageant ses Religieuses à embrasser les jeûnes, les abstinences & les austérités de la Régle de S. Benoît, que l'Abbaye de Montmartre adopta presque dans le même temps.

Quelques contestations s'étant élevées depuis entre ces deux maisons, il parut convenable & nécessaire de les desunir. Le 20 Mai 1647, l'Abbesse de Montmartre céda tous les droits & prétentions qu'elle avoit en cette qualité sur le Prieuré de Notre-Dame de Grace, & elle se restraignit à une somme de 36 mille livres pour tous les frais qu'elle avoit faits pour l'établissement, bâtiments & *manutention* de ce Prieuré, qui par-là devint indépendant de l'Abbaye de Montmartre. Alors les Religieuses de la Ville-l'Evêque se pourvurent au Parlement, où elles firent enregistrer, le 7 Septembre de ladite année 1647, les Lettres-Patentes que le feu Roi avoit accordées à leurs fondatrices en 1612.

RUE DU MARCHÉ. Elle a son entrée dans la rue Daguesseau & dans celle de Surênes, & tire son nom d'un Marché où elle conduisoit, qui a été transféré près de la Porte S. Honoré. *Voyez ci-après* Rue du Chemin du Rempart.

RUE MATIGNON. Elle donne d'un bout dans la rue des Orties, & formant un retour en équerre, elle aboutit dans le cul-de sac S. Thomas-du-Louvre. Cette rue, que Valleyre a oubliée, est mal-à-propos appelée *Maquignon* dans de Chuyes, qui la fait aboutir dans celle de S. Thomas : c'est aussi sans raison que Gomboust & Bullet l'ont confondue avec le cul-de-sac S. Thomas, puisqu'alors les changements que cet endroit a éprouvés étoient déja faits. Ce terrein, avec les maisons qui le couvrent, formoit encore au XVe siécle l'Hôtel, la place & les jardins de *la petite Bretagne*, & contenoit trois arpents & demi : il avoit appartenu aux Ducs de Bretagne, & il tomboit en ruine, lorsque Jean de Bretagne, Comte de Montfort & de Richemont, le donna au Chapitre de S. Thomas-du-Louvre par ses Lettres datées de Guérande le 2 Février 1428 (*y*). On fit alors bâtir sur cet emplacement. Le sieur Pinard, Secrétaire des Commandements du Roi, y avoit un Hôtel qu'il vendit, en 1500, à M. Jacques de Matignon, Comte de Thorigni. Henri IV l'acheta 30 mille livres le 4 Février 1597 (*z*). Les termes dans lesquels sont conçus les Terriers de l'Archevêché, indiquent que la petite Bretagne avoit appartenu au Roi avant cette époque. Dans celui de 1489, on lit : *outre le Louvre, Jean de Valenciennes pour sa maison, granche, place devant & jardins derrière, nommée la petite Bretagne, qui furent au Roi* ; & dans celui de 1622, on trouve des maisons *faisant parties de l'Hôtel de la petite Bretagne, qui fut au Roi.* Louis XIII (&) donna cet Hôtel, au moins en partie, au Président Jeannin, Contrôleur des Finances en 1615, pour y bâtir des maisons, & y ouvrir une rue, à laquelle on donna le nom de *Matignon*, ou plutôt, au cul-de-sac où elle aboutit. On a ensuite couvert de maisons l'emplacement de la petite Bretagne ; elles ont formé l'équerre qui subsiste, à laquelle on a restitué son véritable nom de *rue Matignon*. C'est au bout de cette rue qu'étoit située la Prévôté de l'Hôtel, ou l'Hôtel du Grand-Pré-

(*y*) Du Breul, p. 798.

(*z*) Comptes des Œuvres de la Ville, par Jean Jacquelin.

(&) 3e Liv. des Chartes.

vôt, qui avoit donné son nom à la Tour neuve ou du Grand-Prévôt, laquelle étoit vis-à-vis.

RUE DES MOINEAUX. Elle a une de ses extrémités dans la rue neuve S. Roch, l'autre dans celle des Orties. Le Procès-verbal de 1636 la désigne sous le nom de rue *de Monceaux*, & je pensois que sa direction à ce Château avoit pu lui en faire donner le nom, comme celui d'Argenteuil a donné le sien à la rue voisine : mais dans les Titres de l'Archevêché, elle est nommée *des Moineaux* dès 1561, & indiquée sous le même nom dans tous les Titres subséquents.

RUE DES MOULINS. Elle a un bout à l'extrémité de la rue l'Evêque, l'autre à la rue Thérèse, & doit son nom à deux moulins situés sur la butte S. Roch, auxquels elle conduisoit, & qu'on a détruits lorsqu'près avoir applani cette butte, on a couvert de maisons l'espace qu'elle occupoit. J'ai vu dans les Titres de l'Archevêché qu'elle existoit en 1624.

RUE DES MULETS. Elle traverse de la rue d'Argenteuil dans celle des Moineaux. La Caille n'a pas tracé cette rue, & il en fait mal-à-propos la continuation de celle des Orties. Le voisinage des moulins pourroit bien lui avoir fait donner le nom qu'elle porte, à cause des mulets qui portoient le bled & rapportoient la farine. Elle est indiquée dans le Censier de l'Archevêché de 1663.

RUE S. NICAISE. Elle va de la rue S. Honoré dans celle des Orties, & occupe le rempart de

l'enceinte

l'enceinte de Charles V. Cette rue doit son nom à une Chapelle de S. Nicaise, abandonnée aujourd'hui & destinée à des usages profanes. Cette Chapelle, dont je n'ai pu découvrir l'origine, existoit certainement au milieu du XVe siécle : elle servoit pour les infirmes de l'Hôpital des Quinze-Vingts, dont elle fait partie.

Il y a dans cette rue quelques Hôtels remarquables ; celui de Roquelaure, qui a passé depuis à M. de Beringhem, premier Ecuyer ; celui de Créqui, depuis Coëtanfao, & aujourd'hui d'Elbeuf ; celui d'Uzès, où sont les Ecuries du Roi ; l'Académie de Musique, &c.

1. RUE DES ORTIES. Elle régne le long des Galeries du Louvre. Je la trouve indiquée dans un Censier de l'Archevêché de 1603 sous le nom de rue des Orties, *aliàs S. Nicolas-du-Louvre* ; dans celui de 1622, elle est nommée *rue des Galeries, autrement des Orties.* Cet endroit s'appeloit aussi *le Rempart du Louvre* : c'étoit un mur qui régnoit le long du Quai, & qui pouvoit être garni d'orties, dont on aura donné le nom à la rue, ainsi qu'à celle dont je vais parler dans l'article suivant.

Il y a quelques Auteurs, tels que la Caille, Piganiol & autres, qui font terminer cette rue au second guichet, & qui, depuis cet endroit jusqu'à la cour des Tuileries, l'appellent rue *de la Monnoie*, *de la Monnoie du Louvre*, & *de la petite Monnoie*, parce qu'on y a frappé des Monnoies, ou que celle des Médailles y est située.

2. RUE DES ORTIES. Elle traverse de la rue Ste Anne à celle d'Argenteuil. Valleyre la nomme

rue *des Orties ou Sainte-Anne* ; il la fait aboutir près de la rue des Moineaux, ce qui n'eſt pas exact, & il y place un cul-de-ſac que je n'ai pu découvrir. De Chuyes s'eſt auſſi trompé, mais d'une façon contraire, en lui donnant une étendue qu'elle n'a jamais eue ; il la fait aboutir à la rue de Gaillon, aujourd'hui rue neuve S. Roch. Elle eſt figurée ſans dénomination ſur les Plans de Gombouſt & de Bullet, & ſe trouve cependant mentionnée ſous le nom de *rue des Orties* dans un Bail du 23 Juillet 1639, & même dans le Cenſier de l'Archevêché de 1623.

RUE DU REMPART. Elle donne d'un bout dans la rue S. Honoré, de l'autre dans celle de Richelieu, & s'appeloit rue *Champin* : c'eſt ainſi qu'elle eſt indiquée dans le Procès-verbal de 1636, dans de Chuyes, & dans tous les Titres antérieurs au milieu du ſiécle paſſé ; mais ſur le Plan de Gombouſt de 1652, on la trouve ſous le nom de *rue du Rempart* ; elle le doit à celui de l'ancienne fortification ſur lequel elle eſt ſituée.

RUE DU CHEMIN DU REMPART. Elle commence au coin de la rue de Surênes, & régne le long du Rempart, ce qui lui en a fait donner le nom ; elle portoit auparavant celui *de Chevilli*, d'un Hôtel qui y étoit ſitué. La partie oppoſée ſe nomme rue *Baſſe du Rempart*, parce qu'elle eſt effectivement plus baſſe que le Boulevard.

C'eſt dans cette rue qu'eſt la principale entrée du *Marché Dagueſſeau*. Les habitants des Fauxbourgs S. Honoré & du Roule, & ceux de la Ville-l'Evêque, quoiqu'en très-grand nombre, étoient privés du ſecours d'un Marché dans ce quartier. Joſeph-Antoine Dagueſſeau, Conſeiller honoraire au Parlement, étoit propriétaire d'un grand Marais entre les rues de Surênes & du Fauxbourg S. Honoré, où l'on pouvoit en établir un : il fit en conſéquence, le 27 Janvier 1722, un échange avec Madame de Duras, à laquelle il céda 256 toiſes de ſon Marais, & elle lui donna en échange 105 toiſes qui étoient au bout de ſon Jardin. M. Dagueſſeau s'aſſocia enſuite M. de Champeron & la Dame de la Vergne, propriétaires d'un Marais contigu au ſien ; ils obtinrent un Arrêt du Conſeil du 26 Janvier 1723, & des Lettres-Patentes le 6 Février ſuivant, enregiſtrées au Parlement le 5 Mars, & au Châtelet le 23 du même mois, qui leur permettoient d'établir un Marché dans cet endroit. Il parut dans la ſuite plus avantageux de rapprocher ce Marché de la Ville, & l'on choiſit l'emplacement où il eſt aujourd'hui. André Mol de Lurieux, Avocat au Conſeil, propriétaire du terrein, le céda ſous la condition qu'il ſeroit intéreſſé pour un quart dans le Privilége. Cette tranſlation fut autoriſée par de nouvelles Lettres-Patentes données au Camp d'Aloſt le 16 Août 1745, enregiſtrées au Parlement le 6 Septembre, au Châtelet le 10 du même mois, & au Bureau de la Ville le 20 Décembre ſuivant : elles permettent d'y établir ſix Etaux de Boucherie, des Echoppes, Baraques, & étalages pour des Boulangers, Poiſſonniers, Fruitiers, &c. Il a été ouvert le 2 Juillet 1746.

Rue de Richelieu. La partie de cette rue qui ſe trouve dans ce Quartier, commence à la rue S. Honoré, & finit à la rue neuve des Petits-Champs. Le Cardinal de Richelieu ayant fait bâtir le Palais Royal, & abattre à cet effet les anciens murs de la Clôture de Charles V, on ouvrit cette rue. Elle fut d'abord nommée *Royale*, mais peu après elle prit le nom de *Richelieu.*

RUE NEUVE S. ROCH. Un de ses bouts donne dans la rue S. Honoré, l'autre dans la rue neuve des Petits-Champs; elle doit son nom à l'Eglise de S. Roch, dont la principale entrée y étoit située avant qu'on l'eût rebâtie. Auparavant elle se nommoit ruelle, & ensuite rue *de Gaillon*; elle avoit reçu ce nom d'un Hôtel qui fait aujourd'hui partie de l'emplacement de l'Eglise, & elle le conserve encore dans une de ses extrémités, comme je le dirai en traitant le Quartier Montmartre. On la trouve même encore désignée sous ce nom dans de Chuyes & sur le Plan de Bullet; mais elle est indiquée sous celui de *rue S. Roch* dans le Plan de Jouvin, & de rue *neuve S. Roch* sur tous ceux qui ont été publiés depuis, & même dès 1658 dans un Censier de l'Archevêché. Sauval (*a*) dit qu'elle s'appeloit en 1495 la ruelle *Michaut Riegnaut*, en 1521 *Michaut Regnaut*, & en 1578 rue *de Gaillon*, du nom de l'Hôtel qui en faisoit le coin.

LA COMMUNAUTÉ DE SAINTE ANNE. On ne peut trop multiplier les instructions des jeunes filles, & les moyens de leur apprendre à gagner leur vie. Nicolas Fromont, Grand Audiencier de France, étoit pénétré de ce sentiment; & dans

(*a*) Tom. 1, p. 138.

la vue de procurer ce double secours aux pauvres filles de la Paroisse de S. Roch, il loua des places qui appartenoient à la Fabrique de cette Eglise, sur lesquelles il fit construire une maison convenable pour l'objet qu'il s'étoit proposé. Il paroît par le contrat, qui est du 4 Mai 1683, que les places avoient été louées 222 livres par an, & que la maison avoit coûté 15500 livres. Ce généreux Citoyen ajouta à ce premier bienfait une rente de 400 livres sur l'Hôtel-de-Ville, qu'il acheta le 14 Septembre 1684. Le succès de cet établissement fut bientôt reconnu, & assuré par la libéralité des personnes pieuses, & par le zèle de celles qui furent préposées pour tenir les petites Ecoles, montrer la couture, le point, la tapisserie & autres ouvrages convenables; ce qui engagea M. Fromont & le Curé de S. Roch à le faire confirmer par le suffrage de M. l'Archevêque & par l'autorité Royale. Ils obtinrent des Lettres-Patentes au mois de Mars 1686, enregistrées le 28 Février de l'année suivante. Sauval (*b*) & D. Félibien (*c*), qui, à ce que je crois, sont les seuls de nos Historiens qui aient parlé de cette Communauté, ont fixé son établissement en 1686, en prenant la date des Lettres-Patentes pour son époque, quoiqu'elles ne fassent que confirmer ce qui avoit été fait trois ans auparavant.

RUE DU ROULE. Elle sert de continuation à la rue du Fauxbourg S. Honoré, & doit ce nom

(*b*) Tom. 1, p. 653.

(*c*) Hist. de Paris, t. 2, p. 1517.

à un petit Village qui a été réuni à celui de la Ville-l'Evêque, & déclaré Fauxbourg de Paris. S'il faut reconnoître ce Village dans celui que Frédégaire (*d*) appelle *Romilliacum*, ou dans le *Crioilum* de la Vie de S. Eloi, comme l'ont pensé Adrien de Valois (*e*) & l'Abbé Lebeuf (*f*), il faut convenir qu'il est fort ancien, & que son nom a été bien défiguré. Au XIIIe siécle, on le nommoit le Roule, *Rollus*, *Rotulus* : on le trouve distingué en *haut* & *bas Roule*, & plusieurs Titres font mention d'une Léproserie ou Maladrerie qui s'y trouvoit située, & qu'on a souvent appelée *l'Hôtel du Bas Rolle* & *Hôtel du Roule*, ainsi que d'une Chapelle adjacente.

Les Historiens de Paris (*g*) disent qu'il paroît, par un Arrêt du 4 Juillet 1392, qu'il y avoit au Roule un Hôpital fondé pour *les pauvres Monnoyeurs au serment de France* ; qu'il y en avoit huit, dont l'Evêque en nommoit quatre, & les Monnoyeurs les quatre autres, & que *c'est tout ce qu'on sait de cet Hôpital.* M. Piganiol (*h*), qui ne les a que trop fidélement copiés, n'auroit pas dû avancer avec tant de confiance, que ce n'est qu'une simple tradition, confirmée en partie par l'Arrêt de 1392, *auquel nous devons tout ce que nous savons sur cette Maladrerie.*

Je conviens qu'on ignore l'époque de la fondation de cette Léproserie, & le nom des fondateurs ; mais je ne crois pas m'éloigner de la vérité, en la fixant au commencement du XIIIe siécle, & en l'attribuant aux Monnoyeurs de

(*d*) Fredeg. ad Ann. 629.
(*e*) Not. Gall. p. 487, art. 1.
(*f*) Lebeuf, t. 3, p. 64 & 66.
(*g*) Tom. 2, p. 710.
(*h*) Tom. 3, p. 28

la Monnoie de Paris, ou à l'un d'entr'eux. Comme cette fondation avoit pour objet de procurer une retraite & des secours à ceux d'entre ces ouvriers que l'âge, la lépre, ou d'autres infirmités mettoient hors d'état de travailler, il est naturel de penser que ce fut dans leur Corps même qu'ils trouvèrent des protecteurs généreux & charitables. Un pareil établissement ne pouvoit subsister sans une Chapelle, & les fondateurs s'adresserent en conséquence à l'Evêque de Paris, qui, par ses Lettres (*i*) du mois d'Avril 1217, leur permit d'en construire une *juxtà Leprosiam du Roule*. C'est cette permission qui m'a fait penser qu'il n'y avoit pas pour-lors long-temps que cette Léproserie étoit fondée. Il ne paroît pas que l'Evêque se fût réservé le droit de disposer d'aucune place; ce n'est que dans un Accord fait entre lui & *les ouvriers Monnoyers* qu'il est stipulé que, de chaque côté, ils y pourront mettre quatre personnes. Cet Acte, consenti par Guillaume de Chanac, Evêque de Paris, est daté de Saint-Victor le 12 Mars 1342 (*k*). Ce droit, constaté par l'Arrêt de 1392, fut reconnu & confirmé par un autre du 19 Novembre 1562. Il est probable que le Roule étant un Fief de l'Evêché, l'Evêque se réserva ce droit comme une indemnité des terreins qu'il avoit accordés, ou des acquisitions qu'il avoit amorties.

Cet Hôpital étoit encore destiné à son usage primitif vers la fin du XVIe siécle; mais insensiblement les lieux tombèrent en ruine, & l'on n'y

(*i*) Pet. Cart. fol. 109 verso, Cart. 144.

(*k*) Ibid. fol. 258, Cart. 375.

reçut plus de malades. Les habitants, dont le nombre s'étoit beaucoup augmenté & se multiplioit tous les jours, demandèrent en 1639 la permission de bâtir & d'accroître ce Fauxbourg; ce qui leur fut accordé par Lettres-Patentes du mois de Mai de la même année, qui les autorisèrent à unir le Roule à la Ville-l'Evêque. Enfin, en 1722, ce territoire a été érigé en Fauxbourg de Paris, par Arrêt du Conseil du 30 Janvier, & par des Lettres-Patentes du 12 Février, enregistrées à la Cour des Aydes le 22 du même mois.

L'EGLISE DE S. PHILIPPE. Les habitants du Roule dépendoient de la Paroisse de Villiers-la-Garenne, & quelques maisons se trouvoient sur celle de Clichy. Dès l'année 1697, ils avoient représenté à M. l'Archevêque l'éloignement où ils étoient de ces deux Paroisses, & avoient demandé que leur Chapelle fût érigée en Paroisse. Sauval (*l*) prétend que cette Chapelle étoit autrefois une Commanderie à la nomination du Roi, de laquelle dépendoit la Maladrerie. Je n'ai rien trouvé qui puisse justifier cette opinion. Les obstacles qui s'opposoient à la demande des habitants du Roule, furent levés, & leur Eglise fut érigée en Paroisse le 1 Mai 1699, sous l'invocation de S. Jacques & de S. Philippe. La petitesse de cette Eglise, & la nécessité d'en construire une nouvelle, ainsi que des bâtiments pour le Curé, le Vicaire, & pour les petites Ecoles, ont engagé Sa Majesté à permettre cette construction, & l'acquisition des terreins nécessaires

(*l*) Tom. 1, p. 335.

à cet effet, par Arrêt de son Conseil du 12 Mai 1769, sur lequel ont été expédiées le même jour des Lettres-Patentes, enregistrées le 4 Mai de l'année suivante. On construit actuellement cette Eglise sur les dessins & sous la conduite de M. Challegrin.

LE VILLAGE DE CHAILLOT. Il est situé au midi du Fauxbourg du Roule, & fut érigé l'an 1659 en Fauxbourg de Paris, sous le nom de *Fauxbourg de la Conférence.* Ce Village est ancien : l'Historien de S. Martin-des-Champs (*m*) a rapporté des Bulles de 1097, 1119, &c. qui en font mention. Comme il ne se trouve compris ni dans l'Arrêt du Conseil du 28 Avril 1674, ni dans la Déclaration de 1702, qui déterminent l'enceinte de la Ville & des Fauxbourgs, je me crois dispensé d'entrer dans un plus long détail à ce sujet : les personnes qui le desireroient, le trouveront dans l'*Histoire* de l'Abbé Lebeuf (*n*).

1. RUE ROYALE. Elle va de la rue neuve des Petits-Champs dans la rue Thérèse. On l'a nommée d'abord rue *neuve de Richelieu*; on lui donna ensuite le nom de *Royale*, lorsqu'on fit porter le nom de la Reine à celle dans laquelle elle aboutit.

2. RUE ROYALE. Elle va de la rue S. Honoré à la Place de Louis XV, à laquelle elle sert de principale entrée de ce côté : elle a été tracée en même temps que cette Place.

(*m*) Hist. S. Mart. de Campis, p. 148, 157 & seq.

(*n*) Tom. 3, p. 42.

RUE DES SAUSSAIES. Elle aboutit d'une part à la rue du Fauxbourg S. Honoré, de l'autre aux extrémités des rues de Surênes & de la Ville-l'Evêque. Sauval (*o*) dit qu'au commencement du ſiécle paſſé on la nommoit rue *des Carrières*, qu'on l'a depuis appelée rue *de la Couldraie*, enfin rue *des Sauſſaies* : au milieu de ce même ſiécle, on ne l'appeloit que *le Chemin de la Sauſſaie*. (*p*). Il eſt probable que les différents noms qu'on a donnés à ce Chemin viennent des carrières où il conduiſoit, ou des coudriers & des ſaules dont il a pu être bordé. Sur un Plan manuſcrit de l'Archevêché, cette rue eſt nommée *ruelle Baudet*.

RUE DE LA SOURDIÈRE. Elle va de la rue S. Honoré au cul-de-ſac de la Corderie, qui paroît en avoir fait partie. Ce n'étoit au milieu du ſiécle paſſé qu'une longue allée, qui régnoit le long de la maiſon & des jardins de M. de la Faye, Sieur de la Sourdière. On voit, par un procès-verbal de 1640, qu'il y avoit trois maiſons contiguës : elles paſsèrent au ſieur Guiet de l'Epine ; & le paſſage dont je viens de parler ayant été élargi, prit les noms de rue *de l'Epine Guiet* & *de Guiet de l'Epine*. C'eſt ainſi qu'elle eſt déſignée dans les Cenſiers de l'Archevêché de 1663 ; mais dès l'année ſuivante, on trouve rue *de l'Epine Guiet ou de la Sourdière*. Ainſi le nom de rue *de la Corderie*, que lui donne Valleyre, eſt antérieur à cette époque, & le paſſage n'eſt pas même figuré ſur le Plan de Gombouſt.

(*o*) Tom. 1, p. 162.

(*p*) Cenſ. de l'Arch. de 1663.

Le paſſage qui conduit de cette rue aux Jacobins, étoit une ruelle ou cul-de-ſac, ſouvent indiqué ſans nom dans les Titres & les Cenſiers. Il a été appelé *cul-de-ſac S. Hyacinthe*, du nom d'un des Saints de cet Ordre.

Celui *de la Corderie* doit ſon nom à la rue de la Corderie, dont je viens de parler. Les Titres de l'Archevêché, en 1655, le nomment ſimplement *cul-de-ſac de la rue Corderie*; dans quelques Plans, il eſt appelé *cul-de-ſac Péronelle* : il doit ce nom au lieu de ſa ſituation. Suivant les Titres que je viens de citer, le lieu dit *Péronelle* étoit une piéce de terre, tenant par devant ſur la rue de derrière le Clos des Jacobins réformés, dite *le Chemin d'Argenteuil.* (Contrat du 1 Mai 1642.) L'entrée de ce cul-de-ſac eſt dans la rue neuve S. Roch.

RUE DE SURÊNES. Elle aboutit à la rue des Sauſſaies & au Boulevard : ce n'étoit qu'un chemin qui conduiſoit au Village de ce nom, d'où la rue qui en tient la place a pris le même nom. Le Cimetière de la Magdeleine y étoit ſitué. On voit, ſur les Plans donnés par de Fer, un Bâtiment qui étoit deſtiné pour des Caſernes : c'eſt dans le même endroit qu'on avoit placé d'abord le Marché Dagueſſeau, dont j'ai parlé.

RUE THÉRÈSE. Elle va de la rue Ste Anne à celle de Ventadour : on l'ouvrit lorſqu'on applanit la Butte S. Roch. Le nom qu'elle porte lui fut donné en l'honneur de Marie-Thérèſe d'Autriche, Epouſe de Louis XIV : il paroît cependant qu'on ne le lui donna qu'après ſa mort, car ſur tous les Plans de ce temps elle ne porte aucun nom, elle semble même prolongée jusqu'à la rue des Moineaux ; ce n'est que depuis 1692 qu'on la trouve distinguée de la rue du Hazard, & indiquée sous le nom de rue *Thérèse*.

RUE S. THOMAS-DU-LOUVRE. Elle aboutit d'un côté à la rue S. Honoré & à la Place du Palais Royal, de l'autre à la rue des Orties & aux Galeries du Louvre. Ce nom lui vient d'une Eglise de S. Thomas, située dans cette rue, & que depuis sa reconstruction l'on appelle *S. Louis du Louvre*. On la nommoit anciennement la rue *des Chanoines*, *strata Canonicorum* ; on lui donna ensuite le nom qu'elle porte aujourd'hui, *vicus S. Thomæ de Lupera* 1242, *S. Thome de Lupara* 1256, & *de Lupera* 1288 (*q*).

L'EGLISE DE S. LOUIS-DU-LOUVRE. Cette Eglise, Royale, Collégiale & Paroissiale, seroit bien plus ancienne que nos Historiens ne l'ont dit, si l'on pouvoit entiérement ajouter foi à la donation d'un septier de froment qu'on prétend avoir été faite par Sybille de Quesnai, veuve du sieur Pouget, aux *Maîtres & Ecoliers de S. Thomas & de S. Nicolas-du-Louvre*, *de Lupera* : cet Acte, conservé dans les Archives de cette Eglise, est daté de 1020 dans le *Vidimus* qu'en fit le Garde de la Prévôté de Paris en 1340.

J'avoue que je ne crois pas que l'Acte dont il s'agit, mérite cette confiance qui n'est due qu'aux Titres dont on ne peut contester l'authenticité. Si l'on fait attention qu'il est passé à Issoudun en Berri ;

(*q*) Cart. de Sorbonne, fol. 147. — Cart. S. Germ. Autiss. fol. 51.

que la donatrice y eſt qualifiée ſous des noms & ſurnoms qui n'étoient pas en uſage au commencement du XIe ſiécle ; qu'elle n'explique aucun des motifs de ſa libéralité, & qu'elle n'y met aucune condition : ſi l'on ſe rappelle qu'à cette époque les Ecoles n'étoient pas fort multipliées, qu'on n'en voyoit que dans les grandes Baſiliques & dans les Monaſtères, que S. Germain-l'Auxerrois avoit les ſiennes à peu de diſtance ; enfin, s'il eſt prouvé que les Ecoliers de S. Nicolas ne faiſoient qu'un même Corps & ſous le même nom que ceux de S. Thomas avant leur deſunion, comme je le remarquerai plus bas ; alors il ſera bien difficile de ne pas élever quelques doutes ſur la certitude d'une donation dont il ne paroît pas même que les donataires aient profité. J'ajouterai encore qu'on ne voit dans aucun Acte que le Collége ou Maiſon hoſpitalière dont il s'agit, ait été ſous l'invocation de S. Thomas, Apôtre ; on voit au contraire qu'il étoit ſous celle de S. Thomas, Martyr : or ce S. Archevêque de Cantorbéri, martyriſé le 29 Décembre 1170, ne fut canoniſé que le Mercredi des Cendres de l'an 1173 ; par conſéquent on n'a pu donner ſon nom à un Etabliſſement de piété, avant l'une ou l'autre de ces deux dernières époques.

Si le Titre primitif de l'origine de S. Thomas-du-Louvre ne ſe retrouve plus, on eſt du moins certain que cette Maiſon exiſtoit ſous le régne de Philippe-Auguſte. Le premier monument qui le conſtate eſt une Bulle du Pape Urbain III, du XI des Calendes d'Août (22 Juillet) 1187 (*r*),

(*r*) Hiſt. Eccl. Pariſ. t. 2, p. 182.

adressée au Proviseur de la Maison de S. Thomas, Martyr, par laquelle il paroît que Robert Comte de Dreux avoit donné des maisons & des revenus pour la subsistance des pauvres Clercs. On voit par la même Bulle; 1° que l'Eglise étoit sous l'invocation de S. Thomas, Archevêque de Cantorbéri; 2° que Robert de Dreux avoit donné des maisons & des biens pour loger & nourrir les Prêtres chargés de la desservir; 3° qu'il avoit établi au même lieu un Hôpital ou Collége pour de pauvres Etudiants : on doit donc conclure que ce Prince avoit fait cette fondation quelques années avant cette Bulle, & l'on pourroit conjecturer qu'il la fit par piété & par reconnoissance, peu après que Louis le Jeune, son frère, fût revenu de Cantorbéri : il y avoit été en 1179 pour solliciter, sur le Tombeau du saint Martyr, la guérison d'une maladie desespérée dont son fils Philippe étoit atteint; elle fut accordée à ce jeune Prince, qui lui succéda l'année suivante. Robert étant mort le 11 Octobre 1188, Robert II son fils & Yolande sa femme confirmèrent cette fondation, & la firent approuver par Philippe-Auguste, qui fit expédier pour cela des Lettres données à Fontainebleau en 1192. On voit, par celles qu'il accorda en 1199, que son père avoit institué quatre Chanoines Prêtres. La Bulle de Clément III, donnée le VII des Calendes d'Août, la seconde année de son Pontificat, (26 Juillet 1189,) énonce & confirme les donations qui leur avoient été faites. C'est ce qui prouve que nos Historiens n'ont pas été exacts, en ne plaçant qu'en 1187 un établissement antérieur, fondés sur un Acte qui ne fait que le confirmer; que l'Auteur des *Tablettes*

Parisiennes (*s*) s'est trompé, en le fixant en 1200, douze ans après la mort de Robert I; & que la Caille a été encore plus mal informé, en reculant cette époque jusqu'en 1240.

On voit dans une Bulle de Nicolas IV, de 1290 (*t*), qu'Innocent III, la douziéme année de son Pontificat (1209), avoit mis l'Eglise des pauvres Ecoliers de S. Thomas de Paris sous la protection spéciale du Saint-Siége, & que ceux-ci étoient tenus de lui payer une redevance annuelle. On ne peut douter que dès-lors le nombre des Chanoines n'eût été augmenté, puisqu'il s'éleva une contestation pour le droit de présentation : les prétendants étoient d'une part Philippe de Dreux, Evêque de Beauvais, & Robert de Dreux, son frère, tous deux fils du fondateur, & de l'autre Pierre de Nemours, Evêque de Paris. Par un accord fait entr'eux au mois de Novembre 1209 (*u*), il fut stipulé que Philippe nommeroit pendant sa vie à toutes les Prébendes *tant anciennes que NOUVELLES, & aux sémi-Prébendes FONDÉES & à fonder*, & qu'après sa mort la nomination appartiendroit, savoir, pour *les quatre Prébendes anciennes, au Comte de Brie* *, & pour les nouvelles & les sémi-Prébendes existantes ou futures, à l'Evêque de Paris pour la première vacante, au Comte de Dreux pour la seconde, & ainsi des autres alternativement; ce qui s'observoit encore avant les unions dont je

(*s*) Page 59.

(*t*) Coll. de D. Martenne, t. 2, col. 1302 & seq.

(*u*) Gall. Chr. t. 7. Instrum. col. 88. — Hist. Univ. t. 3, p. 53.

* Cette Ville s'appeloit anciennement *Braie*, *Braia* : c'est des premiers Comtes de Dreux qu'elle a été nommée depuis *Brie-Comte-Robert*.

parlerai ci-après ; mais depuis qu'elles ont été consommées, cette alternative n'a plus lieu.

A peine cette contestation étoit-elle réglée, qu'il s'en éleva une autre entre le Proviseur & les Ecoliers d'une part, & les Chanoines de l'autre, à l'occasion des biens donnés par Robert de Dreux & par ses enfants. Tout étoit alors en commun entr'eux, & la seule Eglise de S. Thomas servoit aux uns & aux autres. On fit en 1212 (*x*) un partage entre les Chanoines & l'Hôpital ; & la rue S. Thomas leur servit de limites. Le Proviseur & les Ecoliers voulurent encore avoir une Eglise particulière : ils s'adressèrent au Pape Innocent III, qui écrivit à Pierre de Nemours, Evêque de Paris, pour le rendre favorable à leur demande. Il leur permit, en 1217 (*y*), d'avoir une Chapelle & un Cimetière, sauf le droit du Curé de S. Germain. On voit par ces Lettres qu'on les appeloit *le Recteur & les Frères de l'Hôpital S. Thomas-du-Louvre.* Ainsi l'Abbé Lebeuf (*z*) ne me paroît pas bien fondé à citer ces Lettres, pour prouver que dès 1217 ils étoient distingués sous le nom de *S. Nicolas-du-Louvre* ; puisque, 1° ils ne pouvoient avoir pris ce nouveau Patron que depuis l'érection de la Chapelle ; 2° qu'en 1228 cette Maison est encore appelée *l'Hôpital S. Thomas-du-Louvre* dans des Lettres (*a*) du Chapitre de S. Germain, & qu'on lui donne le même nom dans une Ordonnance de Guillaume d'Auvergne, Evêque de

(*x*) Hist. Eccl. Par. t. 2, p. 184.

(*y*) Ibid.

(*z*) Tom. 1, p. 90.

(*a*) Hist. Eccl. Par. t. 2, p. 315.

Paris

Paris (*b*), rendue la même année au mois de Juillet, qui fixe à un an la résidence des Ecoliers de *S. Thomas-du-Louvre*; d'où il faut conclure que, quoique dès 1217 ces Ecoliers eussent obtenu la permission de faire bâtir une Chapelle, les contestations qu'ils eurent à essuyer de la part des Chanoines de S. Thomas, ainsi que du Chapitre & du Curé de S. Germain-l'Auxerrois, n'étoient point encore terminées neuf ans après. Cette Maison fut appelée *l'Hôpital des pauvres Ecoliers S. Nicolas-du-Louvre*, & à la fin du XIIIe siécle il étoit composé d'un Maître ou Proviseur, d'un Chapelain & de quinze (*c*) Boursiers; on y ajouta ensuite un second Chapelain (*d*), & en 1350 on y fonda trois nouveaux Boursiers. Ainsi on n'ignore point la fondation de ce Collége, comme l'avancent du Breul (*e*) & Sauval. Il subsista dans cet état jusqu'au 25 Janvier 1541; alors Jean du Bellai, Evêque de Paris, supprima le Maître & les Boursiers, & érigea ce Collége en Chapitre composé d'un Prevôt & de quinze Chanoines, qui ont été réunis, en 1740, à ceux de S. Louis-du-Louvre.

J'ai dit ci-devant que le nombre des Prébendes de S. Thomas avoit été augmenté avant 1209, & il put l'être encore dans ce siécle & le suivant; mais je ne trouve pas sur quoi se sont fondés l'Abbé Lebeuf (*f*) & M. Piganiol pour attribuer à Jean VI, Duc de Bretagne, la fondation de sept Prébendes. Je conviens que ce Prince donna,

(*b*) Past. D. p. 323.

(*c*) *V.* Hist. Univ. t. 3, p. 469.

(*d*) Sauval, t. 3, p. 119.

(*e*) Du Breul, p. 801. Sauval, t. 1, p. 332.

(*f*) Lebeuf, t. 1, p. 85. Pig. t. 2, p. 354.

le 2 Février 1428, au Chapitre de S. Thomas son Hôtel de la petite Bretagne, qui étoit alors en ruine; (*Voyez ci-dessus* Rue Matignon.) mais il ne faut que lire les Lettres qui contiennent cette donation, pour être convaincu que ce don fut fait sans aucune charge ni condition, & en pure aumône, *pietatis intuitu ac in puram & perpetuam eleemosinam* (g), & qu'il n'y est fait aucune mention de la fondation qu'on lui attribue. Il ne seroit pas aisé non-plus de prouver qu'il y ait eu à S. Thomas vingt-huit Canonicats, comme le dit M. Piganiol (h). Le *Pouillé* de 1450 n'énonce que le Doyen, les quatre anciens Chanoines, cinq autres, & le Clergé, *Communitas Ecclesiæ* (i). Ce même Auteur ajoute que ces vingt-huit Prébendes furent réduites à un Doyenné & douze Canonicats: il falloit dire dix, n'y en ayant alors qu'onze, dont un étoit attaché au Doyenné. Cette dignité fut supprimée en 1728, & les revenus furent unis au Chapitre, qui se trouva par-là composé d'onze Chanoines.

L'antiquité de cette Eglise, & le vice de sa construction, en annonçoient la ruine prochaine. Dès 1733, le Roi eut égard aux représentations des Chanoines, & leur accorda sur la Ferme des Poudres une somme de 150 mille livres, qui devoit leur être payée par égales portions dans le terme de neuf années, pour les aider à la faire reconstruire. Les fondements en étoient déja jetés, lorsque, le 15 Octobre 1739, le

(g) Hist. de Paris, tom. 3, p. 75.

(h) Tom. 2, p. 355.

(i) Lebeuf, ibid.

Clocher tomba, écrasa la voûte, & fit écrouler un des bas côtés du Chœur & la Salle Capitulaire qui étoit au-dessus : six Chanoines furent ensévelis sous les ruines ; il n'y en eut que trois qui évitèrent ce malheur.

Les Chapitres de S. Thomas & de S. Nicolas n'avoient fait originairement qu'un même Corps, comme je l'ai remarqué ci-dessus : ils furent réunis par un Decret de M. l'Archevêque, du 10 Mars 1740, qui conserve les quatre Canonicats auxquels le Roi nommoit, (comme étant aux droits des Comtes de Dreux,) supprime les sept autres dont la nomination étoit alternative, & fixe à quatorze le nombre des Chanoines des deux Chapitres réunis, dont M. l'Archevêque se réserve le choix. Ce Decret fut confirmé par Lettres-Patentes du 20 Mai 1740, enregistrées le 22 Août suivant.

La nouvelle Eglise a été bâtie sur les dessins de M. Germain, Orfévre du Roi, & orientée vers le couchant. Elle fut bénite, & dédiée sous l'invocation de S. Louis : les Chanoines de S. Thomas & de S. Nicolas en prirent le nom, & y firent l'Office le jour même de cette dédicace, veille de la Fête de ce saint Roi, 24 Août 1744.

C'est par inadvertence que le nouvel Editeur (*k*) de la *Description de Paris* de M. Piganiol, a placé cette dédicace en 1743, & qu'il ajoute que la même année M. de Beaumont, Archevêque de Paris, a réuni à ce Chapitre celui de S. Maur-des-Fossés : il n'a pas fait attention que

(*k*) Tom. 2, p. 360.

M. de Beaumont n'occupoit point alors le Siége Archiépiscopal de Paris. Cette réunion ne s'est faite que le 23 Avril 1749 ; elle a été confirmée par Lettres-Patentes du 5 Novembre 1750, enregistrées à la Chambre des Comptes le 22 Janvier suivant, malgré les oppositions des habitants de Saint-Maur, qui en avoient été deboutés par Arrêt du 8 Juillet de l'année précédente.

Cette seconde réunion a procuré le moyen d'augmenter les Canonicats de S. Louis. Ainsi ce Chapitre se trouve aujourd'hui composé de trois Dignités ; savoir, de M. l'Archevêque, *Doyen*, comme ayant remplacé l'Abbé & ensuite le Doyen de S. Maur ; d'un Prevôt, qui étoit ci-devant à S. Nicolas, & d'un Grand-Chantre : il y a vingt-deux Chanoines, dont quatre sont à la nomination du Roi, un à celle de la Famille Gallicher, & huit tirés de Saint-Maur. Ils font exercer les fonctions Curiales sur environ 240 Paroissiens qui habitent leur Cloître & les environs de leur Eglise, & sur les Chanoines & Officiers servans dans leur Eglise, qui demeurent dans le Cloître ou Prévôté de S. Nicolas-du-Louvre.

Depuis ce temps, l'Eglise de S. Nicolas a été totalement abandonnée ; on a même projeté de la démolir, pour élargir la rue des Orties.

Il y a dans la rue S. Thomas plusieurs Hôtels remarquables, dont deux sont fort connus dans notre Histoire ; le premier est l'Hôtel de Rambouillet, que Charles d'Angennes & Catherine de Vivonne son épouse ont fort embelli. J'ai remarqué à l'article du Palais Royal, qu'il avoit été bâti en partie sur l'emplacement de l'Hôtel de Rambouillet : le Marquis de ce nom ayant épousé Mademoiselle de Vivonne, fille du Marquis de Pisani, occupa, après la mort de son beau-père, l'Hôtel de Pisani, qui avoit auparavant porté les noms d'O & de Noirmoutier; il prit alors celui de *Rambouillet*, si célébré par les Beaux-Esprits du siécle passé. Cet Hôtel a ensuite appartenu successivement aux Ducs de Montausier & d'Uzès.

Le second est l'Hôtel de Chevreuse, dont il est souvent fait mention dans les *Mémoires* du Cardinal de Rets, & dans les Historiens qui nous ont transmis les événements arrivés pendant la minorité de Louis XIV. Au commencement du siécle passé, il appartenoit à M. de la Vieuville ; il a été acquis successivement par les Ducs de Luynes, de Chevreuse, d'Epernon, & de Longueville, dont il porte encore aujourd'hui le nom. Il passa ensuite à Louis de Bourbon, Comte de Soissons ; &, par le mariage de sa fille, cet Hôtel est rentré dans la Maison de Luynes & de Chevreuse. Cette suite de Princes & de Grands-Seigneurs sembloit promettre à cet Hôtel une destinée plus brillante. Après avoir servi pendant quelques années d'entrepôt pour les Voitures de la Cour, il a été vendu, en 1749, aux Fermiers-Généraux, lesquels y ont établi le Magasin & Bureau général du Tabac ; ils y ont fait faire plusieurs bâtiments construits avec solidité.

Je viens de parler de l'Hôtel de Chevreuse : j'ai trouvé qu'anciennement cette Maison possédoit un Hôtel dans cette rue, en entrant du côté des Galeries. Il appartenoit, en 1372, au

Comte de Vendôme ; il passa ensuite à M. de Chevreuse, & depuis au Comte de la Marche, qui l'occupoit en 1399. Les Terriers de l'Archevêché marquent qu'il étoit des deux côtés de la rue.

RUE TRAVERSINE ou TRAVERSIÈRE. Elle est ainsi nommée, parce qu'elle traverse de la rue S. Honoré dans celle de Richelieu. Dans quelques Censiers de l'Archevêché, elle est appelée *Traversante* : je ne l'ai point trouvée sous ce nom avant 1623. De Chuyes, dans l'Ouvrage intitulé *la Guide de Paris*, la nomme rue *Traversière*, ou *de la Brasserie*, ou *du Bâton Royal*. Ces derniers noms ont été conservés à un cul-de-sac qui est dans cette rue, & qu'on appelle encore aujourd'hui *de la Brasserie* : il doit ce nom à la maison dite *de la Brasserie*, qui en faisoit le coin en 1668. L'Auteur des *Tablettes Parisiennes* le nomme aussi cul-de-sac *de la Traverse* ; je ne l'ai point trouvé indiqué ainsi : il ajoute, ou *des Prêcheurs*, & Valleyre lui donne le même nom ; ils ont été induits en erreur par la Caille. Ce nom ne convient qu'à celui de S. Hyacinthe.

RUE DE VENTADOUR. Elle a un bout dans la rue neuve des Petits - Champs, l'autre dans la rue Thérèse. Sur le Plan de Bullet, cette rue n'est indiquée sous aucun nom ; il est cependant certain qu'elle étoit percée quelque temps auparavant, qu'on la nommoit rue *S. Victor*, & qu'en 1673 elle étoit connue sous le nom de *Ventadour*, comme on peut le voir sur le Plan de Jouvin de Rochefort de cette année : on voit aussi sur les Plans de ce temps, qu'elle se prolongeoit jusqu'à la rue des Moineaux, & qu'elle se continuoit au-delà de la rue neuve des Petits-Champs, entre l'Hôtel Mazarin & celui de M. le Contrôleur-Général, sous les noms de rue *de Ventadour* ou *de Lionne.* Elle doit celui qu'elle porte, à une Maison ancienne, qui ne s'est pas moins illustrée par les dignités que par les services.

RUE VILLEDO. Elle traverse de la rue Sainte-Anne dans celle de Richelieu : c'est une de celles qu'on a percées sur la Butte S. Roch ; c'étoit un chemin déja tracé, où il y avoit quelques maisons. Les Registres d'Ensaisinements de l'Archevêché font mention de maisons & d'une grande place, acquises sur la Butte le 24 Décembre 1667 par les sieurs Guillaume & François Villedo, Généraux des Bâtiments du Roi & des Ponts & Chaussées, dont on a donné le nom à cette rue.

RUE DE LA VILLE-L'EVÊQUE. Elle commence à la rue de l'Arcade, à l'extrémité de la rue de la Magdeleine, & finit à la rue des Saussaies. Ce nom lui vient du territoire sur lequel elle est située, qui appartenoit à l'Evêque & au Chapitre de Notre-Dame, & dont plusieurs Titres du XIIIe siécle font mention sous le même nom de *Villa Episcovi* (*l*).

L'EGLISE DE LA MAGDELEINE. De tous nos Historiens, les uns n'ont point parlé de cette

---

(*l*) Petit Cart. fol. 417. — Past. A. p. 722.

Eglise ; les autres, excepté l'Abbé Lebeuf, n'ont fait que multiplier les erreurs, en se copiant servilement les uns les autres. Sur la foi du Commissaire Lamarre (*m*), la Caille, Dom Félibien, & après eux M. Piganiol & son nouvel Editeur (*n*), ont avancé que cette Eglise n'étoit anciennement qu'une Chapelle, dont Charles VIII avoit posé la première pierre, (le 21 Février 1487,) & où il avoit érigé une Confrairie Royale *, & qu'elle est devenue Paroisse en 1639.

Quoique la première origine de cette Eglise ne soit pas connue, on peut cependant assurer qu'elle est beaucoup plus ancienne que nos Historiens ne l'ont dit. 1° Si l'on fait attention que de temps immémorial la Ville-l'Evêque étoit un Bourg, que les Evêques de Paris y avoient un *Séjour* ou Maison de plaisance, des Granges, un Port, des Terres, des Dixmes, &c. on ne peut guère douter qu'il n'y eût une Eglise ou Chapelle pour le secours des habitants, quoique leur nombre ne fût pas considérable. 2° La nouvelle Clôture de la Ville, sous Philippe-Auguste, mettoit dans la nécessité d'avoir une Paroisse dans le Fauxbourg. 3° Ces conjectures dégénèrent en preuves, à la vue des Titres qui font mention d'un Prêtre ou Curé à la Ville-l'Evêque. Indépendamment du *Pouillé*

(*m*) Traité de la Pol. t. 1, p. 86.

(*n*) Hist. de Paris, t. 2, p. 1468. — Pigan. t. 2, p. 441; & nouv. Edit. t. 3, p. 31. — Cal. hist. 22 Juillet.

* La Confrairie de Sainte Marie-Magdeleine fut établie le 20 Novembre 1491. Le Roi Charles VIII s'en déclara le fondateur, & s'y fit recevoir, ainsi que la Reine son épouse.

du XIIIe siécle & des suivants, & d'un Titre de 1238 (*o*), dans lequel est nommé le Prêtre de *Villa Episcopi*, on trouve que le Mercredi avant la Pentecôte 1284, le Chapitre de S. Germain avoit nommé Etienne de Saint-Germain Vicaire perpétuel de l'Eglise de la Ville-l'Evêque (*p*) : on peut y ajouter la *Table des Cures* du Diocèse, dans laquelle celle de la Ville-l'Evêque est indiquée, & le Contrat du 13 Mai 1386, par lequel M. le Coq, Avocat-Général, donne à cette Eglise 30 livres, à la charge *par le* CURÉ de célébrer tous les Jeudis une Messe du Saint Sacrement ; enfin, une Sentence de l'Official de Paris, du 16 Mars 1407, en faveur du Chapitre de S. Germain, dans laquelle il énonce son droit comme Curé primitif sur les Eglises de Ste Opportune, de S. Honoré, & de la Ville-l'Evêque, dont il jouit de temps immémorial, *à tali & tanto tempore cujus initii hominum memoria non existit* (*q*). Je dois remarquer à ce sujet, que cette prétention du Chapitre de S. Germain a occasionné des contestations avec les Curés de la Ville-l'Evêque, en faveur desquels elles ont été décidées ; & que c'est sans fondement que l'Abbé Lebeuf (*r*) avance que les Chanoines de S. Germain ont été à la Ville-l'Evêque officier le jour de la Fête, jusqu'à leur translation dans l'Eglise Cathédrale.

Ainsi la Chapelle bâtie par les ordres de Charles VIII ne peut être regardée que comme une

(*o*) Pet. Cart. fol. 417.

(*p*) Gall. Christ. t. 7, col. 860.

(*q*) Hist. de Paris, tom. 3, p. 102.

(*r*) Tom. 1, p. 119.

reconſtruction de l'Egliſe qui exiſtoit auparavant, ou comme une augmentation que ce Prince y fit faire. La Confrairie qu'on y érigea le 20 Novembre 1491, ſous l'invocation de ſainte Magdeleine, aura donné occaſion de l'appeler du nom de cette Sainte, lorſqu'on la rebâtit en 1659 : la première pierre y fut poſée par Mademoiſelle, le 8 Juillet de cette année. Dans tous les Actes antérieurs à cette époque, je ne la trouve énoncée que ſous le nom d'*Egliſe de la Ville-l'Evêque*. Le nombre des Paroiſſiens s'eſt ſi fort augmenté depuis, que l'Egliſe ne peut les contenir ; on a formé le projet d'en conſtruire une plus ſpacieuſe : pour cet effet on a choiſi un terrein qui eſt en direction de la rue Royale, & le bâtiment formera un point de vue favorable à la Place de Louis XV. Sa Majeſté ayant agréé les Plans qui en avoient été faits par M. Contant d'Ivri, l'un de ſes Architectes, on en a ouvert les fondements, qui furent bénis le 3 Avril 1764.

RUE DE VILLIERS ou de COURCELLE. On donne indifféremment ces deux noms au Chemin qui conduit du Fauxbourg S. Honoré près l'Egliſe du Roule, à Villiers-la-Garenne & à Courcelle. Il n'y a que les Plans modernes ſur leſquels cette rue ſoit indiquée ſous le nom de *rue de Villiers* ; je crois qu'il faut préférer celui de rue *de Courcelle*, parce que c'eſt ſous cette dénomination qu'il en eſt fait mention dans les Lettres-Patentes du 12 Mai 1769, & dans l'Arrêt d'enregiſtrement du 4 Mai ſuivant, concernant la nouvelle Egliſe de S. Philippe du Roule, que l'on conſtruit actuellement ſur les deſſins de M. Challegrin.

En face de ce nouveau bâtiment eſt un chemin ou rue qui conduit au COLISÉE. Ce Monument, conſtruit à l'imitation de ceux des Romains, les ſurpaſſe par le goût & par les ornements dont il eſt décoré. Il ne nous préſente pas, comme ceux des Anciens, des ſpectacles de Gladiateurs, ou des Combats d'animaux féroces ; il nous offre au contraire des objets de plaiſir & d'amuſement, qui ſatisfont également tous les ſens, par l'attention qu'on a eue d'y réunir ce qu'il y a de plus flatteur. Ce Spectacle ſe termine ordinairement par un très-beau Feu d'artifice, & par des Illuminations ſupérieurement diſtribuées, que l'on ne ceſſe d'admirer.

Fin du cinquième Quartier.

TABLE ALPHABÉTIQUE
Des objets contenus dans ce Ve Quartier.

Fin de la Table.

APPROBATION DU CENSEUR ROYAL.

J'AI LU, par ordre de Monſeigneur le Chancelier, un manuſcrit intitulé : *Recherches critiques, hiſtoriques & topographiques ſur la Ville de Paris, &c. Quartier du Palais Royal.* Cet Ouvrage, rempli de recherches curieuſes & intéreſſantes, accompagnées d'une critique ſage, judicieuſe & éclairée, m'a paru très-digne de l'impreſſion. A Paris, le 16 Novembre 1772.

Signé, BEJOT.

Le Privilége du Roi ſe trouve à la fin du premier Quartier.